主编 赖 真

解忧IT

IT时报社 编

同济大学出版社
TONGJI UNIVERSITY PRESS

序

连接人心的“牛奶箱”

郝俊慧

东野圭吾的《解忧杂货店》最近很红，小说中有一个神奇的牛奶箱，只要写下烦恼丢进去，第二天便会在箱子里找到回答。起初，它连接着店主浪矢与镇上求助者，老人绞尽脑汁，为提问者写下最走心的答案；33年后，牛奶箱连接了过去和未来，来自2012年的三个普通小偷，凭借一部可上网的手机，以“先知”的身份告诉上个世纪80年代的求助者，买房置地就能实现梦想。历经时间打磨的人类智慧，与互联网所带来的可共享的信息，效果如此殊途同归。

人们总是害怕孤独，渴望与世界相连，于是，便有了亲情、友情和爱情。过去，情感连接的纽带来自血缘、地域，或那个牛奶箱，如今，变成了电脑和手机。科技不仅缩短了人们交往的地域时空，还连接起人们彼此的心灵时空，而《IT时报》一直在做的，便是将那些妙不可言的连接工具告诉读者。

有时，我们连接的是眼睛，那些只可意会不可言传的旖旎风光，如果只用140个字的微博表现，便缺少了那份通透，于是更便捷、更直观的图片社交便来直接撞击你的心灵，一日带你看尽世界“花”；有时，我们连接的是语言，那些展现外面世界的各国神剧，如果没有字幕组的无私奉献，语言变成最大的樊篱，于是各种沉浸式、趣味性强的学语言工具便来“强迫”你学习，重建“巴别塔”；有时，我们连接的是自己，那些每天想说给自己的话，想记录的成长，写在纸上或许怕被时间带走，于是每天写一封邮件给自己，可以给自己看，也可以与人分享；有时，我们连接的是脑电波，那些一瞬间联想到的万物，难以用语言表达其精髓，却可以通过线条和示意图清晰地构建出来，于是可以在团队协作时，构建一张所有成员的脑图……

然而，科技产品的保鲜期正越来越短。20年前，位于美国加州的浏览器小公司网景（Netscape）上市后，大众意义上的网络生活才开始出现，而如今，网景不知何处去，人们热衷讨论的是微软Win10中的新浏览器Edge和谷歌的Chrome谁更好用；2007年，乔布斯发布了第一代iPhone，彻底改变了智能手机的定义，而如今，手机端的流量早已超过了PC，脸萌、足记、YO等App，不断在朋友圈里刷屏，又迅速被下一个代替。

在不断衰退与复苏的变换中，人类的发展被科技裹挟着螺旋式上升，世界由“哑”到“智”，连接，不再只是解决人们的孤独，而是在思想、心灵、信息等方面次第升级、解放。未来，万物相连，世界彻底被“抹平”。

最终，或许正如雷·库兹韦尔在其广为人知的《奇点临近》一书中所指出的：2045年，“奇点”即将来临，电脑智能与人脑智能连接，人脑即电脑。

如果，东野圭吾在30年后写一部《解忧杂货店》的续集，或许看透人心的，不再是那个牛奶箱，而是以数字的形式存在的人脑。届时，《IT时报》要做的，不再是推荐一个个软件和应用，而是，解构你的大脑。

目 录
Contents

为了摄影也是蛮拼的

孙 妍

什么样的App能让明星和屌丝们都爱不释手呢？什么样的App能让手机瞬间变成专业单反？答案是那些“很拼的”摄影应用，拗出各种或高冷、或傲娇、或奇葩的拍照方式，让每个人都特别像明星。

记录，已经不单单是为了留下生活过的证据，或感动、或幽默、或孤独……记录的方式更承载了自媒体时代的梦想，像波普大师安迪·沃霍尔所说的那样：“每个人都能当上15秒的明星。”

Hyperlapse：15秒看日出日落

“以前需要一台斯坦斯康摄影机，或者15000美元的摄影轨道才能做的事情，现在只要拿出iPhone，打开Hyperlapse就可以了，而且免费。”《连线》一文中写道。

众所周知，Instagram是时下最热门的照片分享社交应用，最近它又重磅推出了一款延时视频拍摄应用Hyperlapse。所谓延时视频，就是将长时间的视频内容压缩到短时间内呈现，类似于快进的效果。比如在15秒内就可以看到日出日落，在15秒内就可以看到一朵花绽放的过程、可以呈现车水马龙的光影流转、可以呈现幻明幻灭的空间转换，时间流逝之感展露无遗，也往往有震撼人心的作用。

Hyperlapse的操作没有任何赘余，不需要账号登录，打开界面只有一个圆形的开始按钮，完成拍摄后，没有复杂的滤镜选择，默认为6倍加速，可以选择1到12倍的播放速度，保存并分享到Facebook或Instagram即可。

操作简便，但算法却不简单。有过摄影经验的人都明白，手机拍摄视频最大的问题就是手抖导致画面模糊，若是要将视频加速后仍保持清晰，一般都要动用脚架。但Hyperlapse利用一个叫Cinema的算法来防抖，先根据手机陀螺仪记录的信息和影片帧数据输出一个正确的镜头方向数据，再根据这个标准数据对每帧图像进行调整，使整条片子保持稳定性和连贯性。所以，当我们骑在单车上或跑动时依然可以手持iPhone拍出较稳定的画面，这取决于算法很好地利用了手机自带的陀螺仪测算和消除抖动。

在Hyperlapse推出的一周时间之内，Instagram的Hyperlapse标签下就创建了19万个视频。自从Instagram兴起后，笨重的单反慢慢被轻巧的手机代替了，不少喜欢用手机拍照的朋友都表示，手机的便携和小巧给拍摄带来了更多的可能性，不管是水下还是在十万米的高空，不管是吃饭时还是运动时。

点评：

相比于照片，视频更需要艺术性，希望Hyperlapse能自动利用社交功能来“淘沙”，得以保持Instagram上影像的高品质。

Framy：逗比小电影

第一次对Framy来电还是在香港明星薛凯琪的Instagram上，MV中她和好友变身成卡通小人，身着猫咪卫衣，逗比地跳着扭臀舞，傲娇地拍打着PP，她还打上字幕说：“Good Job Fifi!! You can dance so sexy!!”有粉丝评论说：“药不能停！”

什么样的App有如此高的逗比指数，引得无数明星尽折腰呢？打开Framy应用，你得先来一发四连拍，点击左下角的“脸组”按钮，拍下一组喜怒哀乐的表情，在拍照的取景框旁边还会有每个表情的示意图，帮助一拍照就“面瘫”的小伙伴们找对感觉。

接着你就要像玩“脸萌”似的给自己搭配造型，从发型、眼镜、帽子到服装，有正常款也有逗比款。温馨提醒大家，你还可以切换性别，让满脸胡渣的大叔穿上性感的迷你裙哦。

除了可以随意更换背景以外，你还可以为自己设计各种动作：骑马舞、射门、扇耳光、蹲马桶等等。表情会智能地跟着选定动作而改变，还可以中途换人物，单人、双人随意安排，所以你可以拍一部有完整情节的MV，过一把导演瘾。

比如在欢乐的“happy new year”氛围下为老板跳一段骑马舞，配上一段背景音乐：“老板发钱，发钱啦，发钱啦，发钱啦！”独乐乐不如众乐乐，你还可以拉上小伙伴出演双人MV，给他安排的角色是一只在旁边数钱的熊猫。也可以在寂寞冷清的“Raining Season”背景下贴上一个人窝沙发看电视的情景，凄惨中带坚强的背景音乐为上，比如萧亚轩的《一个人的精彩》，专挑在情人节时发出去，肯定会有幸灾乐祸的损友跑来点赞。

懂得自我解嘲的人最睿智，比如周恩来被外媒恶意地问道：“中国有几个厕所？”周总理回答说：“有两个，一个是男厕，一个是女厕。”这年头，懂得自我解嘲还不够，还要懂得用高明的手段为自己制造槽点，兼带卖萌搞笑，相信Framy是一款可以加分的工具。

点评：

下次老罗再约自如兄切磋时，建议使用Framy制作一部“约架战书”。

Throw me App：送诺基亚“上西天”的节奏

侧着拍、正着拍、躺着拍、蹲着拍……自从迷上自拍，就总在寻找最佳拍摄角度中消磨半宿时光，有没有一款App可以帮我们寻找不一样的拍摄角度呢？

Throw me App这款摄影应用最令人叹为观止的就是它的“航拍”角度，当你将手机抛向空中时，应用就会自动监测手机的运动方向和速度，什么时候到达最高点，摄像头是否朝下，并根据抛掷速度来计算平均下落速度。这有些类似于尼康的抛投摄影法，应用会选择合适的时机来激活快门拍下照片。

用户只需要点击拍摄按钮，将手机抛向空中，摆好表情，它便会在战战兢兢中拍下照片。这个角度够不一样、够刺激了吧？

抛投摄影听起来十分高大上，只是你在做出这个动作时一定会被认为是“逗比”。那么，这位来自瑞士联邦理工学院的学生设计这款应用时，有没有想过如何保护掉落的手机呢？降落伞、海绵垫……都没有，你只有DIY保护措施或是自求多福了，温馨提示大伙儿还是在柔软的草坪上或沙滩上尝试这个刺激的动作。

点评：

经过亲身试验，虽然没有发生机毁人伤，送诺基亚“上西天”的情况，但每张照片上的表情都十分惊恐。这个应用比较适合胆大或迫切需要个理由给手机更新换代的人玩。

体育O2O：挥洒汗水未必在球场

魏思静　王　昕

体育，可不是光说不练的把式，巴西世界杯带动了亿万人们的运动热情，挥洒汗水的地方未必在球场，亦可在生活的各个角落，即便是名看客也会有自己的体育态度。如果把世界杯赛场比喻成“Online（线上）”，那么我们通过下面几款App寻找体育的“Offline（线下）”吧。将体育O2O相连，这样玩才够专业。

看台文化：组建一支“三里屯足球队”

“看台文化”是一款专门为业余足球队服务的App集群，由“球徒”“我爱中超”“记分牌”“战术板”等多个App组成。

“球徒”是一个具备综合管理功能的社交平台，如果你想踢一场球赛，但苦于没有同伴的话，可以通过这个平台来招兵买马，打造自己的球队，并通过该平台来向其他球队约战。

“看台文化”会组织自己的业余联赛，球队可以通过这个平台进行报名，只要输入真实的身份证信息，取得一个二维码编号，便可参加比赛了，极大地简化了报名流程。而在联赛大厅中，各参赛者可以一目了然地看到比赛的积分变化和奖金构成。

除了上阵踢球，“看台文化”还设计了一批辅助工具。“战术板”将传统的战术安排线上化，球员们可以在这里清晰地看到阵型布局、跑位信息、传球路线等，可以多渠道分享战术，并本地保存得意阵型。再业余的教练也可以拿着iPad像模像样地比划起来。

而“记分牌”的功能就显得“简单粗暴加实用”了，将iPad支在场边，一个惟妙惟肖的记分牌瞬间出现了。

据了解，“看台文化”主创团队计划前期通过承接合作的方式包装业余联赛、引入赞助资金，将球徒推广出去，在球徒通过这些赛事收录了大量业余球队之后，他们会着手打造真正的业余赛事文化社区，说不定哪天“三里屯队”“菜市口队”就会成为现实。

点评：

“看台文化”绝不仅像它的名字，对于足球爱好者来说，“下场子”才是O2O的正道，用App约战，无疑很时髦。

乐奇足球：“订场子”很方便

与“看台文化”类似，“乐奇足球”也是一款为足球爱好者提供一站式比赛服务的赛事平台移动互联网产品。不过它的主要服务点还是在提供场地预订方面，目前，它已经覆盖了上海、广州、深圳的300多家足球场。

用户下载App后，可以通过客户端进行线上报名、组织球队、预订场地、匹配对手和约找裁判等，基本上覆盖了踢一场业余足球比赛的主要需求。通过这款“乐奇足球”，球迷可以打造属于自己的网络赛会组织，乐奇足球也会组织线下的虚拟联赛，把线上完成的赛会组织带到线下。

点评：

300多家注册球场，手机上一搜就有，不用再一个个打电话预订了。

天天网球：贴身打球顾问

约上三两好友去打网球已经成为都市白领日益喜爱的休闲活动，但在这个快节奏的社会里，要约人、约时间、租场地，哪样都得花一番心思。

“天天网球”是一款以场地预订为主要卖点的App。用户可通过“天天网球”查看周边场馆信息，获知场地空置的时间，支持一键预约，如果你身边没有同去的球友，还可通过其“约球”功能，找到同样落单的小伙伴，以此解决时间、场地和人的匹配问题。用户除了可享受场馆的会员订场价格，还能在线下享受场馆会员诸如预留停车位等线下的服务。碰到问题，也可随时与“天天网球”的运营和客服人员联系。

点评：

“天天网球”管得真多，除了约人、约时间、租场地，甚至还管停车，几乎把“Offline”的事情管了个遍。

大局观：iPad上看，更爽

凡是用过、听说过、看到过“大局观”App的，肯定都会对其令人赏心悦目的照片呈现能力拍手叫好。原来，大局观来自《体育画报》，最不缺的就是精美照片。都说体育是力与美的结合，如果要评比一个最美的体育类App，“大局观”必在三甲之列。

官方数据显示，“大局观”的图片分辨率高达3000px像素，相当于千万像素以上的水平，在体育类App中堪称第一。通过点击放大后，每张照片的细节清晰毕现，收下来作为iPad或iPhone桌面再合适不过了。

依托照片，“大局观”呈现的是新闻、微博、图片、视频等在内的全方面体育信息，甚至体育明星好玩的生活八卦也能在这里看到。

“大局观”唯一的不足是，其iPhone版本内容更新量和速度都较慢，所以建议大家安装iPad版，无论看图还是看新闻，都更棒！

点评：

对于一个体育爱好者来说，“大局观”体现了一种完美主义的态度——网络旁观者也可以很有参与感。

行者：千里走单骑

“继续沿着县道，一路下坡20公里来到大湾江大桥。后爬坡7公里来到芒卡。继续在茫茫的山林中，沿着县道爬坡25公里，下坡17公里，中途有几个小的上下坡，来到班洪乡。”

这是一位网友在西双版纳骑行后，用“行者”记录下的“路书”。“路书”中有骑行者的整个骑行路线，以及自己的文字记录，喜欢的人可以将其下载下来，并让自己跟着前人的路径前行，保证不会迷路。

“行者”是一个非常专业的骑行App，背包客可以利用它来组队，并寻找离自己最近的骑友。甚至在健身房里做骑行训练时，也可以用“行者”作为辅助工具，来帮助进行“踏频训练”；而只要点击“附近车店”，就能找到最近的车行。

另外，提醒户外爱好者，“行者”支持谷歌、百度等各种地图信息的上传和分享，其自家的淘宝户外小店也经营得有声有色，有兴趣的人可以前去光顾。

点评：

在自行车上，或者深山里，或是健身房里，“行者”可以帮助骑行者随时随地找到自己的生活方式。

UAPP：一键生成你的App

孙　妍

这是一个即时社交大行其道的时代，这是一个只能在博客里独唱的时代。想在网民社会里寻找一片纯净的创作天地似乎是不可能的事，我们又该去哪里安放自由不羁的执念和不必周晓的态度呢?

创建一个属于自己的品牌App，这想来是一件耗时耗力的工程。幸好有UAPP这样一种应用，顾名思义，这是专属于你的App。基于网易轻博客LOFTER的平台，你可以将个人主页上的内容一键生成为App，供人下载和分享。同时UAPP也支持从网易博客、新浪博客、Instagram、QQ空间、豆瓣日记等14个国内外平台的内容导入。用户在LOFTER上更新日志，UAPP就会同步更新，支持文字、照片、音频和视频多种内容形式。UAPP本身的功能就如一般的阅读类App，不用登录LOFTER就可以看到作者的文章和归档，也可以分享到微博、微信等社交平台，非常便捷。

网易轻博客LOFTER不像微博、朋友圈一样充斥着碎片化的信息，它更像是一本精致古老的私人笔记本，安静而不喧嚣，小众而不晦涩，是一个逃离商业广告气息的乌托邦，在“拿来主义”盛行的今天是不多见的，所以它汇聚了许多文青、摄影师、设计师的原创作品。

网易在2011年模仿国外流行的Tumblr推出了这一款轻博客产品，相较于新浪Qing、盛大推他、点点网等同类型产品，LOFTER的UI设计和原创内容是最优质的。但这样一本“小而美”的笔记本，同样面临着不成规模和缺乏商业模式的考验，流为古老而易碎的角落。

近期，LOFTER尝试在自己的平台上推出一键创建自己的App这个功能，也算是一种“自救”行为吧。对于LOFTER而言，UAPP就像微信公众号一样，让作者很简单地拥有自己的品牌，增强用户黏性。而对于消费者自己而言，UAPP应该像韩寒的“一个·ONE”一样去经营，在信息爆炸的时代，为读者缩减阅读量，每天提供最精雕细琢的一篇文章、一张照片或一件艺术作品。

一键生成专属App的步骤

（1）注册：如果原先不是网易轻博客LOFTER的注册用户，需要先在LOFTER上注册一个账号。

（2）输入地址：在个人主页的菜单栏“更多”中找到“UAPP——创建个人应用”，输入要导出内容的博客地址。

（3）验证：在导出内容的博客上新发布一篇文章并选择公开阅读，便可以完成验证。

（4）生成下载：每个UAPP都有独立的下载域名，无需通过LOFTER客户端，如果内容优质下载人数多的话，网易也会帮你在安卓市场做推广。

如果你原先就是LOFTER的注册用户，只要找到“UAPP——创建个人应用”的入口，就可以直接把个人主页“秒变”成个人App。

打包一捆有特色的UAPP

这里有很多安卓市场和iOS市场淘不到的小众App，UI设计一如既往地使用黑白灰作为主色调。生活、美食、音乐、电影、摄影、设计、绘画等各个领域的原创作品都可以淘到，感觉就像手捧了一本本精美的出版物，双重曝光影像里的惆怅与迷惘、多肉透着倔强的可爱、永远都可以戳中你萌点的喵星人，还有一种人，生活在灵感星球上，靠补给所有视觉设计类型作品为生。

纪实——巍廉胖子 · LoFoTo

将近一年的时间，他在街头遇到的150名路人，他们过着150种平凡的生活，在大街上偶然相遇，停下，交谈，留下一张影像，交换一段故事，就继续各自埋头赶路，过着不同却又相似的生活。

旅行的意义是为了遇见他们、我们。看过彼特 · 海斯勒的中国三部曲，就能感觉到最难的是让陌生人与你讲故事，而这些平凡的路过便往往代表着一种中国群像。

这是一个关于纪实摄影和旅行的App，工地生活、拆迁区的老人、看报纸的保安等等，黑白摄影凸显市民基调，也很有生活的张力。

摄影——Chihato+

玩手机摄影的发烧友都知道VSCO这个P图软件，玩Instagram的都见识过Chihato+团队的摄影作品。

在他们团队里，融合了各种类型的摄影师，钟爱运用光影的自然派，喜欢拍美女的唯美派，酷爱无厘头的实验派，还有善于捕捉细节的文艺派。

话说，模仿Chihato+一个月，Instagram上的追随者就可以上升一个数量级。

电影——电影海报馆

电影海报的历史还不到100年，从前的电影院门口贴满了手绘印刷海报，那时海报还是唯一的宣传工具。海报设计是否吸引人，直接影响到电影的票房。从70年前盛行的文艺爱情片到现在盛行的商业动作大片，我们不仅可以从海报中领悟电影的精神，而且可以读出时代的信息，这才是真正迷人之处。

电影海报是广告系同学们的必修课，可以多来“电影海报馆”逛逛，也许就有平面设计作业的灵感了。

漫画——蔡志忠

想必90后都是看着蔡志忠的《老夫子》和《乌龙院》长大的吧，这是初中课堂上的“禁书”。那时，我们还不知道何谓“禅”，何谓“道”，但我们喜欢离我们如此接近的圣人漫画。

除了蔡志忠，应该很少有人会同时喜欢塑造佛教和基督教的插画形象吧，他喜欢用粗犷的毛笔刷出禅道，旁边跟着一个穿红袍腰系绿色葫芦的僧人，“鱼向水中死”“唾沫自干”等茶禅画都很有生活哲学。他的宗教插画延续了他温润圆润的画风，有着版画的质感和耐人寻味的故事想象。

原来蔡志忠也潜伏在LOFTER里，他最近也推出了“蔡志忠”这一UAPP。

挖掘你最爱的音乐

戚夜云

作为一名常年沉浸音乐的重度乐痴，记者总爱倒腾几款音乐应用，对于“有什么歌”“如何推荐歌”“用起来怎么样”等问题，非得在各个软件中比较出个所以然来。听音乐，是一种全民都乐此不疲的运动，我跑步时该听什么，我睡觉时该怎么用，这似乎是每一名用户都会思考的问题，所以音乐软件选得好与不好，会直接影响用户的使用心情。

为此记者测评几款主流音乐软件，希望不同需求的用户都能对号找到适合的音乐“小伙伴”。

PC端音乐软件

自从手机安装了音乐App，PC端的音乐应用逐渐沦落为记者音乐下载工具。不过PC端的音乐软件因五脏俱全的功能还是深受大众的喜爱，他们可以下载歌曲、可以在线K歌、可以制作手机铃声、可以收听电台，你能想象到的功能，目前PC端软件基本全部做出来了。

酷狗音乐：你想要的这里都有

凭借着一声“Hello Kugou”，一款实用的音乐软件——酷狗就展现在用户面前。

酷狗经过几次升级后，左边是功能区，右边是音乐库的界面并未改变，但是在功能分化上，却做得细致入微。音质有普通、高品和无损三种选择，一键下载、喜爱、分享的功能提到最上方。最新版的酷狗增添了很多实用的功能，比如说， 开启附近功能，标记当前自己的位置，就可以了解到附近人的音乐喜好。启动临时播放功能，可以临时建立播放列表。在更多应用里，还开发“传歌到手机”“铃声制作”“在线KTV”“格式转化”“定时设置”等不常用但实用方便的功能。

当然，酷狗的搜索引擎方面做得相对出色是绕不开的话题，输入某一个歌名后，系统合并了同名下载源，并智能地推荐最佳的搜索结果，歌曲的更多详细信息和专辑、歌手排名等都可以显示。

推荐理由：功能齐全，可以查找伴奏，具备“临时播”、格式转换等实用功能。

抛弃理由：没有做到用户的深度挖掘，广告、弹窗、迷你页太掉档次。

百度音乐：方便到家

依托于国内最大的搜索引擎——“百度一下，你就知道”，百度音乐具有得天独厚的“天时地利与人和”，尤其对于拥有百度账号的人来说，打开百度的界面，点击导航栏的播放键就可以收听音乐，根本无需打开任何软件。

百度音乐拥有百度随心听的功能，电台数量和质量虽比不上豆瓣和虾米，但基本也够用。而且电台红心功能目前已经与播放器的收藏红心通用，打造私人平台比酷狗更深一层。如果说对音乐播放软件没有深层次要求的话，单纯需要软件听歌，那么百度音乐即可满足您的日常听歌需求。红心、K歌、MV、榜单、电台，一般性音乐软件该有的功能百度音乐全部具备，而且仅凭与百度搜索贯通的这一功能，便捷的百度音乐就成了普通大众的首选。

推荐理由：搜索、标注红心功能非常便捷，可以智能识别本地音乐种类，推荐不同环境使用。

抛弃理由：新歌上线缓慢，曲库不够丰富，专辑搜索曲目不够完善，榜单质量差，更新慢。

移动端电台App

与PC端上述两款音乐播放器的差别，手机端的电台App在发现个人品位上面做得较深。电台，对于用户来说，是一种相对有个性的存在。它不提供过多的播放模式，没有播放歌单，没有倒退功能，强调用户随性的态度。

听音乐本来讲究的就是心情，发现一首喜欢的歌，心情好得就像是遇见知音。然而在电台这条路上，无疑豆瓣FM和虾米最讨人心。

虾米猜电台：音乐应用的集大成者

有人说，十年之前挺周杰伦，十年之后挺陈奕迅。那么，对于记者来说，5年之前是豆瓣，5年之后就是虾米。就像是从周董的《简单爱》到陈医生嘶吼的《浮夸》一样，在音乐体验上，虾米音乐是用户体验最为“成熟”的应用。

论曲库量，虾米是众多音乐软件之最，其他软件找不到的歌曲，在虾米上都可以发现踪影；论歌曲的相关性，虾米庞大的树状家族，从一首歌到专辑，再到歌手资料照片，以及经典歌曲专辑，慢慢地你听到的东西就会随着它的引导而更加系统。最后，还可以根据你对歌手的喜好，为你找到风格相似的歌手，建立自己的音乐数据库。

目前虾米猜电台已经与虾米音乐App合体了，在“猜”你喜欢的功能上，做得更加到位，今日推荐歌单、热门歌曲推荐、新碟首发等版块新歌更新速率快，而音乐人策划、音乐人专题等部分，编辑水准较高。

推荐理由：曲库量大，歌曲推荐系统全面，“猜”你喜欢功能较准。

抛弃理由：操作相对繁杂，调教音乐偏好时间较长。

豆瓣FM：小清新典范

应该找不到比豆瓣FM更清新简洁的画面了。打开软件就能听歌的功能就是这样简单粗暴。喜欢就标红心，不喜欢就下一首，出现讨厌的歌曲，丢进垃圾桶就好。豆瓣FM通过一次次推荐以及用户的选择，不停地对用户需求进行挖掘，从而使推送的音乐无限接近用户的品位。

如今，豆瓣FM可供选择的标签增加了不少，除了一贯的咖啡、九零、摇滚、电影原声外，热门兆赫、推荐兆赫、上升最快兆赫可以满足用户不同环境下的多重选择。每一个标签下的歌曲，大部分都是热门的同质主流歌曲，被听众所接受，所以，在偏好设置上，豆瓣FM的推送相对精准。

推荐理由：非常适合初级歌荒者，尤其适合当前“我不知道要听什么”或是“随便听听”的需求用户，没有过多选择的方式，缩短了用户的使用路径。

抛弃理由：算法太差，导致推荐歌曲重复率高，曲库量小，推荐新歌的频率较低。

订制自己喜欢的新闻阅读

李 栋

RSS订阅新闻资讯是一个陈旧的话题，在PC端的应用多如牛毛，在手机端上也是呈滚雪球式发展之势。虽然是旧瓶装新酒，记者还是根据实际使用体验，筛选出了以下几款或小众、或奇葩、或另类的手机端RSS订制软件，在节约阅读时间的同时，一起吐槽下这些RSS软件的优劣。

板报：读懂你的想法

还记得上学时黑板墙上每周一期的板报吗？这个APP的功能与名字如出一辙，它提供了传统RSS订阅功能，用户可以在它提供的新闻频道中，根据喜好进行个性化订制。目前提供了27个大类频道、100余个子类频道，几乎涵盖了所有的主流媒体与论坛。

而这款应用并非是个性化订阅那么简单，它的神奇之处在于对用户日常阅读习惯的分析，能够提供更适合用户阅读口味的内容。比如在一篇新闻报道的下方，它还提供了“您可能会喜欢”的智能推荐功能，将数条与文章主题相关联的新闻整合在一起，有助于更加清晰地了解新闻事件的更多角度和始末。

而在这些关联新闻的下方，它还提供了“您想看到更多”的功能，即点击了新闻下方数个关键词按钮后，它会提供更多的相关关键词内容。比如在“阿里巴巴任命姜鹏为副CTO”这条新闻的下方，有阿里巴巴、CTO等关键词供选择。当点击“阿里巴巴”按钮，再回到科技板块的新闻浏览时，会看到更多关于阿里巴巴的新闻。通过这种方式，板报能够在海量的信息中迅速筛选出更多用户希望阅读到的新闻。

板报还提供了同步阅读功能，

在登录账号后，在PC、平板等其他设备上，也能将自己的阅读喜好同步。也就是说在一个设备上改变阅读喜好，其他设备上的内容都会发生变化，这个细致的功能在同类软件中比较突出。此外，在离线下载功能中，可以将自己喜欢的频道内容下载到手机上，而且下载内容不会被缩水，即使没有网络也能享受到高品质的图片和文字阅读。

可惜的是，这款小众应用目前只支持WP和Win8平台，还未推出安卓和iOS版本。

WP版下载地址：goo.gl/zPDSh

鲜果联播：为内容而生

鲜果联播是一款老牌的手机RSS订阅软件，号称收录了近9000家主流媒体、网站和数百万的RSS订阅源。但这款应用奇葩的地方在于，它海量内容的丰富程度和更新速度无人能及，而鲜见对操作界面和UI进行修改，这也使它成了不少人手机中的“僵尸应用”。

不过界面的简洁无法掩盖它丰富的内容和更新速度，它提供的新闻频道几乎包容了所有你能想到的媒体、论坛、网站，而且更新速度可以用“神速”来形容，基本能做到与网站发布时间同步。而且它还提供了TheVerge、TechCrunch、TIME等众多海外科技博客、媒体的资源，还可以搜索自己所需要的频道。而这些海外资源的加载速度、浏览体验甚至比Web端访问还要流畅，这点在同类应用中尤为突出。

如同其他RSS类应用一样，鲜果联播也提供了离线下载的功能，不过亮点在于可以选择关闭离线下载图片，加快下载速度。阅读模式还提供了纯文本和图文混和两种模式，可以有效地对流量进行控制。

在实际使用中不难发现，鲜果联播的另一“奇葩”之处还在于它的分享功能，它目前提供了腾讯微博、新浪微博、人人网、豆瓣广播、印象笔记、有道云笔记等平台，用户可以自由选择这些平台分享文章内容。如果你是一个有着订阅洁癖，不喜欢花哨功能的RSS死忠，不妨试试这款简洁而又大气的软件。

iOS、Android、WP版下载地址：app.xianguo.com/lianbo/

网易云阅读：电子书+订阅源合二为一

公开课、新闻、小说、精品微博，网易云阅读的功能可谓是五花八门，已经不能单纯地用一款RSS订阅软件来定义它了。它提供的资讯网站、杂志报纸等内容频道与同类主流应用相差无几，这里毋用多述。它真正的特色在于打破了单纯新闻订阅的界限，将读书、视频、微博等内容聚合在一起，看似杂乱却又功能丰富。

在订阅频道中，网易云阅读还提供了本地资讯栏目，可以在北京、上海、广州等数十个城市间进行切换，订阅这些地方的本地报刊。而外文资讯以TIME、CNN等国外传统媒体为主，缺少一些主流科技博客，这点有着不小的缺憾。在视频栏目中，它提供了数量丰富的公开课，可以选择在线观看课程视频，也算是一贯的网易特色。

有意思的是，在社交空间栏目中，网易云阅读还提供了一些热门微博主和博客的订阅，无论是留几手，还是作业本，都能搜到他们的踪迹。不过草根账号和身边朋友就无法找到了。

除了资讯信息外，网易云阅读还能变身电子书阅读器，点击屏幕上方的切换标签，就可以在订阅内容和图书内容间进行切换。在它提供的书籍频道中，用户可以在网易书城中搜索自己需要的图书后，下载到本地阅读。不过也有用户大呼"坑爹"：有些书籍在看到最后一章时，必须付费才能继续阅读大结局。

iOS、Android、WP版下载地址：yuedu.163.com/client

用这些学语言 没字幕没关系

戚夜云

射手网告别了，人人影视也关站了。2014年11月22日是个苦逼的日子，它让我们深刻了解到学习多门语言是一件多么重要的事。曾经靠着字幕，跨越国家的樊篱，如今没了它们，我们还能好好地享受世界各国的剧吗？

答案当然是肯定的，如果你把抱怨的时间用在这些App上，学好英语、法语、德语、日语、西班牙语，看剧这事还真有戏。

Rosetta Stone：最快学习完一门语言

在PC端软件，中文名为如师通的Rosetta Stone可以说是学习语言的鼻祖。

如师通最大的特色就是让学习者以沉浸式的方法用最快的速度学习一门语言，说得直白一点，就是通过图像、动画、声音、文字高频率出现某一单词、句子，让大脑快速反应来训练潜意识和直觉反应，像婴儿学习母语那样自然地学会外语。例如，先学习boy、girl，随后出现图片让你选择男女，然后造句，男孩吃饭、女孩喝水，随后又出现图片进行对应选择。接着学习man、woman，男人喝水、女人吃饭等重复出现，而所有练习中均有发音配套。

以学习英语为例，如师通学习英语的课程一共分为5个级别，每个级别4个单元，而每个单元会细分成核心课程、语法、阅读、写作、发音、词汇、听力与阅读、口语和复习等10个课程，对于每个课程，如师通都会估算一个大概的学习时间。

支持语言：30多种语言。

适用对象：初学者或者二外入门。

收费：以英语为例，学完5个级别为1298元。

使用体验：简单易学，可以快速掌握日常生活用语，以学习日语为例，大约需要70小时来学完一个等级。不需要做学习计划，按软件要求一步一步来就可以了，但是不太适合中级学习的进一步提高。

Duolingo：34小时=一学期的语言课程

PC Magazine在推荐Duolingo时是这样介绍的：在iPhone语言学习与练习类的App中，没有人可以打败Duolingo，使用Duolingo学习34小时所达到的语言水平相当于一个学期大学语言课程。虽然每个人的学习成果不同，但Duolingo受语言爱好者欢迎倒是事实。

同样以学习英语为例，Duolingo分为5个阶段55个单元。每个单元下面还包含着3、4、5不等的细分课程，每个课程从听、读、拼、义四个方面进行多元化的单词和语句训练。课程以游戏关卡的形式展开，每次掌握一些单词或课程后，会得到红心。红心越多，就会解锁更高级的教程内容，这样的设定，对于小孩子来说，十分受用。

Duolingo会针对不同用户的学习程度来给出难度适宜的句子来翻译，这些句子都是网页内容，这些内容可能是新闻，可能是小说。除此之外，在学习的每个过程中，Duolingo会利用数据，分析用户会犯哪些错误，然后系统会统计这些数据，让用户巩固薄弱技能。

支持语言：19种语言。

适用对象：二外入门。

收费：开发者称永远免费无广告。

使用体验：在法语零基础以及无其它教材或学习材料辅助的情况下，以每天30～50分钟的速度，网友6个月达到10级。日常会话问候基本无障碍，能习惯法语最基础的句法结构，所以能够简单猜测意思。

Busuu：没有什么比母语使用者的支持更给力了

超过150多个日常话题，包含3000多个单词和短语，并与超过4500万母语使用者一起练习。在Busuu设计者眼中，Busuu最大的特点就是背后有社区母语使用者的支持，他们会给用户的语言反馈意见。

在英语学习上，Busuu一共分为初级A1、A2、中高级A1、A2和独立的旅游课程等5个级别，每个级别多则有11个、少则有6个课程。每一堂课都包含三个模块：看图说话、对话和测验。不过Busuu 的初高级并不是按语法的难易程度划分，而是根据生活中场景出现的频率进行设定，例如简单的自我介绍就属于初级，而新闻研究就属于高级，这样的设定非常符合日常生活场景。从某种程度上来说，Busuu课程间的知识点虽然存在一点递进关系，但学习者可以从任何阶段开始，在不相连的课程间自由跳转。

值得一提的是写作模块，Busuu的社区用户多且活跃，每学完一个单元，学习者要进行写作测验。写完后，会有母语使用者来帮你批改。相反，你也可以批改其他国家学习者提交的中文作文。

支持语言：11种语言。

适用对象：初中级学习者、商务及旅游人士。

收费：会员1个月73元，6个月328元，1年是418元。

使用体验：对于非英语的初学者，难度略高，词汇语法都不够详细，最适合的是本来就会一点的人。由于适合生活场景用，所以大部分只训练了听、说和写，阅读相对较少。

看学渣逆袭学霸

戚夜云

要想过一个舒坦的春节，先别忙着装那些吃喝玩乐的App了，还是先考虑一下学期末那几个不眠之夜怎么过吧。

虽然这个话题很多人不愿提起，但黎明前必定是黑暗。那些让人膜拜的学霸们，你们的秘密武器是什么？

百词斩：最少时间搞定单词

上了大学，本以为可以百家争鸣、高谈论阔，却没想到，期末挂在英语上、大学死在四级上，考研全倒在英语国家线前，还有比这更忧伤的故事吗？一款“百词斩”来拯救处于水深火热之中的学弟学妹了。

登录百词斩后，先选择想要学习的课程以及完成时间。以考研为例，一共6287个单词，如果你选择用63天完成第一轮复习的话，每天要背100个单词，百词斩还给出了每天预估的所花时间，100单词的量需要75分钟。一旦设定好了计划，百词斩的首页会实时更新完成情况。如果你超前或者滞后，计划可以随时更改。

重点来了，百词斩最大的魅力在于方法，每一次单词出现时都是一句母语使用者人肉撰写、朗读的例句，配几张图片让你选择正确的答案。因此，当你学习bath（洗澡）这个单词时，记住的不是“洗澡”两个字，有可能是美女洗澡这个画面。当然，背过的单词还会第二次、第三次出现，每次出现的形式都不一样，有时候是简单粗暴的释义，有时候是选择图片，有时候会多个单词让你正确连线。如果你对is、that、apple等单词很熟悉，点击“斩”之后就不会再次显示该单词。当每日的单词量学习完毕后，还可以进行自检。

适合人群：大学生

使用心得：在完成当天的目标后，百词斩会自动生成一段励志“鸡汤”分享至朋友圈或者微博。哪天突然没有了，说明自己还不够努力。为了这些荣誉，也要成为学霸。

100分作业帮：家长救星 学生利器

中小学生最烦的就是作业，不仅学生很烦，家长因为“忘干净”的学识也很“捉急”，于是作业帮作为一个学习交流的平台应运而生，不会的题目“拍一拍”就能得到答案。

作业帮是由百度知道为中小学生打造的，所以用户通过自己的百度账号登录平台即可。它的功能主要分为四大块，首先就是“问作业”。在学习的过程中，碰到“疑难杂症”，打开作业帮，选择年纪和学科，通过拍照或文字的方式向学霸们提问。但是，为了防止部分同学们懒惰，作业帮一天只有十次问作业的机会，而且求整套习题答案、非作业类等问题都将会屏蔽。

除解决自己的难题之外，高年级的同学或者学霸们还可以帮助别人，在回答问题这个版块，不仅能显一显学霸的威风，同时还可以获得财富值，兑换作业帮回馈学霸的小礼物。在课程模块中有大量的各个年级、科目的教学视频，同学们需要预习、温习科目的时候，找作业帮就对了。

圈子是作业帮的另一大亮点，年级圈、学校圈，在里面可以尽情谈论属于学生自己的话题，晒萌照、谈明星、聊星座等。不过最后，同学们还是要合理利用作业帮，家长也是，作业帮只是一个App工具，过度依赖很可能适得其反。

适合人群：中小学生

使用心得：随时随地都有一个“老师”在身边，安心多了，但“老师”给出答案后，学生们是再去理解一下还是抄答案了事？全凭自觉。

猿题库：个人订制刷题必备

如果，你认为猿题库是一个简单的题库合集，那你就太小瞧它了，大数据才是它出彩的地方。

当你在猿题库上注册账号，进行第一轮测试时，大数据就已经开始。与全国其他约900万名考生一样，先做一套固定的题目，根据测试结果，接下来这些考生的第二套题就大相径庭——而这套题则是大数据运算的产物。

每次做完题目后，猿题库会根据考生答题情况形成初步的能力估值，随后的题目中将会减少答对题型出现的频率，提高错题的答题率。题目做得越多，猿题库对考生能力的预估值就越准确。

猿题库预测的准确度如何？它采用的是IRT项目反应理论作为数据模型的基础。IRT理论目前广泛地应用在心理和教育测量领域。

目前，猿题库分为初中、高一和高二、高三等三块内容，考生可以根据地区的不同选择相应的教材和习题。已做过的题目、错题浏览、错题练习、收藏题目、笔记题目都可以分块浏览。上海区的学霸是建平中学的“时间才是最大的情敌”，校霸则属于上海外国语大学附属外国语学校。

猿题库在2014年还被评为年度最受欢迎教育App，不管你是初中党还是高中党，赶紧试试变学霸吧!

适合人群：初高中学生

使用心得：错题练千遍，这虽然是一种笨方法，但却不失为被所有老师都认可的方法，这样是真正提高了自己的水平。

“宅女”的O2O订制生活

魏思静

上班、下班、吃垃圾快餐、逛淘宝……每日如此，纵是生性邋遢的记者，也不禁觉得自己的生活太粗糙！但每日行色匆匆的都市生活，实在叫人难再有闲情去修饰生活的细节。或许，这正是“私人订制”类App赖以生存的土壤，只需一键下单，就可送上门来的精致生活，谁忍心拒绝呢？

早上：找一个“人肉搭配师”

“完美衣橱”这个App，大概爱美的女孩子们早已不陌生了。不过其最新推出的功能——一对一搭配咨询，还是叫人眼前一亮。

完美衣橱本来只是一个私人在线衣橱，用户可以把自己的衣物拍照上传并归类整理，并可以按季节、场合、计划进行搭配处理，然后分享到社区里。在用户使用工具和分享内容的过程中，App团队发现用户经常就如何搭配进行提问，一对一搭配师咨询服务的上线便顺理成章了。

目前“完美衣橱”共有约100名搭配师，多是平日时间比较充裕的穿搭达人，有人擅长韩式小清新，也有人擅长欧美帅气风格。搭配师的服务模式包括单次服务和包月服务两种，用户可以根据自身参数及照片免费咨询在线搭配师，或者可以向搭配师开放私人衣橱让她代为搭配。每天早上出门前，请“人肉搭配师”帮自己选好今天的“工作装”，这待遇绝对是“白富美”才有的。

如果选择包月版的搭配师，“完美衣橱”还会为你生成一份形象设计报告，对每套搭配给出相应的思路总结。不同的搭配师，亦会提供不一样的个性化服务，例如陪购、上门现场指导等等。

下午：在家做美美的指甲

做过美甲的小伙伴们都知道，如今好的美甲师也是越来越难预约了。辛辛苦苦工作一天，还要去美甲店排队，实在心寒！从这个角度来说，“河狸家”实在是一款大快人心的App。

“河狸家”的功能与其界面一样一目了然——预约美甲师上门服务。简单注册之后，填入上门服务地址，便可直接预约美甲师傅了。App按照均价、口碑、接单数和距离远近，排出美甲师列表，有超过200名师傅可供选择。

更具个性化色彩的是，该App有“看作品”功能，用户可以根据美甲师自行上传的作品照片选择喜好的风格和师傅。据悉，美甲师上传的图都必须是自己的作品，如果发现盗图则是要被下架的。在家做美甲，感觉别有一番悠然自得呢！

晚上：请大厨上门做“爱心晚餐”

要放在过去，请个大厨上门做饭那可是“大户人家”才有的待遇。如今生活节奏这么快，“忙成狗一样”的都市白领有时候真是连出去吃顿饭的力气都没有。App“爱大厨” 正是看准这个需求，为时间资源比较匮乏的情侣或者家庭提供上门的厨师烹饪服务。

具体来说，“爱大厨”会基于LBS （地址定位）为你推荐家附近的厨师，可供参考的厨师个人标签有：他所擅长的菜系、厨龄、拿手菜等，厨师的个人页面会大图展示其拿手菜。对于“宅女”来说，如果今天是与男朋友的特殊纪念日，不妨请个大厨回家，订制一顿爱心晚餐。

选择看上去还不错的厨师之后，用户即可在线预约（最快需要提前四小时）。目前爱大厨只提供烹饪四道菜或是六道菜的两类服务，烹饪四道菜用户需要付给厨师服务费 69 元，六道菜则是 99元，食材费用不包含在内，可以自己买或者厨师代买。至于具体的食谱则可以用户和厨师之间协调，哪怕买好食材现场指定菜色亦可。

据体验过的用户表示，上门的厨师效率还是很高的，一个小时可以做完五个菜。厨师上门后会穿上配备好的围裙、厨师帽、鞋套等，感觉颇为专业。作为资深吃货，记者对于这项“私人订制”服务可是蠢蠢欲动！

装进包里，工作学习再不用妈妈担心

孙 妍

文档阅读器、笔记本和课程表俗称“上学三宝”，让你可以摆脱各种纸条本本，当不了学霸，也可以做一名提倡“无纸化”的环保好同学。下面精选了三款有趣又实用的工具App，帮你解决各种学习中的燃眉之急。

WPS Office：通勤路上修改PPT

这是一款非常适合移动端使用的作业操作系统，可以查看Word、PPT、Excel、PDF、TXT等各种格式的文本，各种电子书籍也可以放入其中，这样就可以给平板电脑少装一个阅读器。但是WPS Office最强大的是它的文本编辑功能，供你在手机或Pad上编辑修改Word、PPT、Excel三种文档，段落、文字的基本格式都可以供你编辑，还有各种网络模板可以供参考。编辑好后可以存储在个人的账号中，这样就可以共享到PC端了。

每次需要准备PPT演讲的时候，最头疼的是负责PPT制作的组员在最后关头才把PPT交到你手上，没有打印机的话就只能把PPT装在手机或平板中，利用上学或上班路上的细碎时间把PPT过一遍。

WPS Office甚至还可以解你的燃眉之急，要是老师或上司急着让你修改一份文件，如果你在办事不方便使用电脑，就可以直接在手机上操作。而且可以将文件通过WiFi共享给周围的朋友同学，只要填写接入码就可以接收查看文件了。

超级课程表：这里有全国高校课表

这款课程表为何能傲娇地自称“超级”呢？因为它接入了全国各大高校的教务系统，你在注册时就要选择学校、专业和入学年份。当你开始新学期时，可以重新选择年度和学期，它就会读取教务系统里对应学期开放的课程，假设点击“品牌营销”这门课，就会跳出所有老师的上课时间，选择你所上的那节便可。

课程表上会显示上课的教室和时间，开学时再也不会遭遇忘了教室在哪的尴尬了。还可以根据学校的时间安排，设置当前周数。

这是一款让你感觉“萌萌哒”的课程表，每天都可以更换不同的壁纸，看着萌萌的“方块头”让你一天的心情都棒棒哒。

“超级课程表”还是一枚蹭课神器，点击右上角“+”号进入“蹭课”，选择美女最多的艺术学院，就会跳出你可以蹭的公开课，系统会自动排除和你课程表上冲突的上课时间，当学霸们举着厚重的近视眼镜在选课系统焦头烂额地找课时，你已经轻松地坐在课堂上了。

上课“传纸条”，放学“下课聊”。“下课聊”是一个同校的吐槽论坛，可以交流上课体验，可以交流哪个食堂更好吃，可以交流哪里有好玩的活动。另外，在“发现”里还可以找到傲娇的“大学男神”，心焦的“考试倒计时”，用来调戏的“表表机器人”和简便的“烂笔头”。

印象笔记：一本“笔记”N个终端

用过很多款笔记本，还是觉得印象笔记最顺手。因为它可以在电脑、手机、Pad各端同时使用，只要用同一账号登录，你便可以随时随地在各个端口查看编辑资料。

移动笔记本最可爱的地方莫过于随时随地的记录，有时候灵感一闪而过，如果没有马上记录下来的话就会遗忘很多想法，印象笔记可以通过文字、语音、照片等各种方式记录。有时候需要收集一大堆的资料，但是堆在Word里会显得杂乱无章，印象笔记会帮你分各类笔记本存储，并且通过关键词将它们分门别类。

让BroApp替你“说”情话

潘少颖

是否不喜欢被女朋友每天逼着说甜言蜜语？是否已经为了说甜言蜜语绞尽脑汁了？就像它的名字一样，有一款非常适合兄弟们的应用——BroApp，可以让用户少点时间想情话，多点时间在酒吧和兄弟们喝酒，而你的女友正沉浸在你的暖语中。

BroApp能自动向女友发送甜蜜的短信，用户只需录入女友姓名、电话，设定发送的内容——可以选择内置的预定内容或者自己编写短信、设定发送的时间和日期之后，剩下的事情就由BroApp搞定，也可以直接选择BroApp里的情话，马上能发送。

读到这里，相信很多人的第一个念头肯定是想：哇！太好了！但马上又会感觉有点不对，如果我跟女友在一起的时候它也乱发信息岂不是露馅了？

这个应用的贴心之处除了帮用户满足女朋友的甜蜜需求，更重要的是，BroApp的探测器技术会通过各种方式为用户保守秘密，不被女友轻易发现。

记者用这个应用绑定了一位家人，看看BroApp是怎么为用户保守秘密的。设定了发送消息的时间后，记者就等着看看能否收到消息。由于当时两个手机都连接了同一个WiFi网络，所以到了发送时间，BroApp也没有发送消息，因为它探测到两个人的距离可能很近。如果你用的是WiFi，你女友用3G，或者两个人不在同一个WiFi网络，那BroApp就没招了。

很多男人的手机里都会藏有秘密，而不少女友也有抽查男友手机的习惯，那BroApp被女友看到怎么办？BroApp用完后会自动上锁，但它可以设定两个解锁方式，一个解锁方式是真正打开这个应用，而另外一个解锁方式是蒙人的，打开后会看到一些其他的东西，比如一份礼物。如果女友想要查看这个应用，那就告诉她那个伪装过的解锁方式吧，不过事后别忘记把礼物补上。

还有一个非常有用的保险是“联系探测器”，BroApp能搜集用户和女友经常联系的时间段，一旦到了那个时间段，BroApp就会识趣地默不作声。而且，如果用户刚刚跟女友通完电话，BroApp的联系检测器也会知道这一点，刚刚联络过的话它就不会发短信了。

尽管应用让男人们方便了很多，但如果经常使用它的话，恐怕和女友的关系会被BroApp外包了，就像该应用的开发者汤姆曾说，最痛苦的时候莫过于向女友坦白过去他研究的东西。偶尔用用，就当是个增进感情的工具吧

Android版下载地址：goo.gl/rGSDzk

Strings：增强型删除工具

潘少颖

说出去的话如同泼出去的水，一发不可收拾，同样的道理也可验证在文字信息上。“想收回都来不及啊。”只恨自己的手没有网速快，发出多少有点后悔的消息，看微信推出“消息撤回”这一功能时大家喜大普奔的样子就知道了。现在，ZipaClip、Cyber Dust、TigerText Secure Messenger等应用都有类似功能。不过，消息撤回还是需要眼疾手快，在规定时间内不撤回，那还是白搭。

社交应用Strings也有撤回消息的功能，但它的做法更加彻底。

看点一：图片、视频也可收回

每个人的手机里总有那么一些私人的照片、视频，万一手一抖或者眼睛看花了，发错可就尴尬了。Strings可以撤回照片、视频等各种形式的消息，而且支持无限长度的视频和高分辨率照片。

看点二：掌握更多控制权

如果说撤回消息并不奇特，那么控制对方下载文档算是这款App的杀手锏了。如果想发一个文件给对方，而且希望这个文件不要流传出去。以前，只能靠对方的自觉性，现在，可以靠自己掌控了。

如果对方想要下载你发送的内容，在对方下载之前，自己会收到Strings的询问，询问自己是否可以授权对方下载某个内容，如果不允许的话，那这个文件就被锁住了，对方无法下载。

不下载没关系，截图一瞬间的事，Strings能捕捉到吗？能捕捉到。当对方第一次截图时，Strings会给对方发送截图警告，如果超过三次，对方还是在截图，Strings就会禁止对方使用截屏功能，并且停用对方的账号。

如果拿另一个手机拍照，Strings能捕捉到吗？好吧，这个估计还做不到。

看点三：阅后即焚

有的App已经有了阅后即焚的功能，但在社交软件上还是蛮少见的，而且也很绝。

Strings的核心功能就是“删除”，比如当你删除与某个人的聊天记录时，不仅自己手机上的内容会删除，你发送给对方、存在对方手机上的内容也会被删除。再比如停用Strings账号后，存在Strings服务器上的消息、图片、视频也将化为乌有，收到过这些内容的手机也会自动删除这些内容。

缺点：

最大的限制就是对方也要安装这个应用，如果对方没安装，那这款应用对对方就没有约束力。想要更彻底地保护自己隐私的人，还是快快装起来吧！

窄播：私人订制的电台

孙 骋

窄播的英文名为“RSSdiO”，是RSS和radio的结合。从“窄播”的广告语可以看出，这是一款个性化订阅与有声资讯相结合的应用：“你可以自己录音当主播了”，“更全更及时，200万条音频，上万名主播网络”……

其实，窄播是一个新闻用语，相对于广播。在大众媒体时代，广播地位重要，其覆盖范围广、优势不断强化，在社会文化中占有重要地位。但是，随着现代科技突飞猛进，尤其是互联网的出现，传统媒体通过广播造就的话语霸权，遭到质疑，如今媒体开始由广播向窄播转变。窄播的形式有：点对面的传播，比如专业电台、单选频道；点对点的传播，比如音频点、准视频点播、交互电视等等。这体现了大众传播“去中心化主义”的发展趋势，也被认为是一种新型社会文化的形式。

“窄播”手机应用是一款深度个性订制的私人电台。用户可以通过QQ或者微博账号登录“窄播”，编辑个人资料时，选择男性或者女性，70后、80后或者90后，并且选择自己感兴趣的话题，比如IT、娱乐、电影、美食、时事新闻等等，根据个人用户的信息，“窄播”为用户推荐不同的声音资讯。

在用户的个人中心，可以看到：用户的收听时长、阅历等级、关注、粉丝等信息。此外，“我的音频”和“我听过的”栏目，会对用户的使用过程做记录，用户也可以直接通过“窄播”录制自己的音频节目。

在手机客户端主页可以看到综艺、小说、资讯等众多栏目分类，喜欢听小说的朋友，可以在“窄播”中找到大量有声读物资源，比如小说《后宫甄嬛传》《羊皮卷》《步步惊心》等，这些热门小说都有语音版，用户可以通过WiFi收听，或者下载至手机，通勤途中戴着耳机听小说，也是个打发时间的好方法。

优雅地测试微信：谁拉黑了，谁“果取关”了

李 栋

最复杂的，莫过于人心。一些平时只存在于列表中的微信好友，却展示给你一片空白的朋友圈，即便是平时不相往来，这个时候心里也该嘀咕：是已经被对面“果取关”（果断取消关注）了还是特意拉黑了？

于是乎，一种测试好友关系的方式火了起来：给好友集体群发消息，如果对方已把你从他的好友列表删除，你无法直接给该好友发送信息，根据这种方式，可以判断出你是否还存在于对方的好友列表之中。但这种简单粗暴的测试方法，给双方都会带来尴尬，大可以换成以下这种隐蔽的方式。

简单来说，点击微信页面右上角，选择一组你想测试的好友发起一个群聊。如果选取的该批好友中，其名字为蓝色显示并提示与你不是好友关系，那么就可以判断出此人已将你删除好友。这个原理就是，微信群组讨论有个非常隐蔽的功能，如果你新建一个群组不发言的话，那么所有受邀的好友都不会收到消息。所以，静悄悄地点击群组右上方，选择“删除并退出”后，将已经删除你的好友记在小本上吧。

如果创建讨论组时，微信提示“XX、XXX等未添加你为微信朋友，请先发送朋友验证邀请，是否验证？”提示时，请勿惊慌，这说明经历了上一轮简单粗暴的“好友测试请勿回”的信息骚扰后，对方早已将你拉进黑名单了。

利用这个功能，双方可以在脸上保持优雅又有风度微笑，将矛盾和“仇恨”埋藏在心底，默默测试、默默删除、默默拉黑。不过，目前普通用户能发起讨论群组人数上限是40人，也就是说，利用这种

隐蔽的方式一次最多能验证39人，如果你是有上千好友和名士，又闲着无聊想要看下好友关系的话，还得多花点时间，分批分组地“人肉测试”。

配音秀：普通人也有播音梦

孙骋

播音员，是很多少年梦想的职业，而播音与主持专业，每年都吸引大量高中生报考。不过毕业后能真正做主持人的，寥寥无几，一些毕业生即便进了电视台，也只能从幕后打杂开始，在竞争中离开的人，好嗓子似乎没了用武之地。

手机应用“配音秀”，让广大播音爱好者找到了排遣爱好的途径，他们无处可用的优质嗓音，在这里得到了展示的机会。该App首先在播音专业的学生中流传开来，经典电影的搞笑情节被年轻人重新演绎，颇有趣味，于是在社交网站，“配音秀”也被广泛推荐。作为一个互动平台，用户可以用微博账号和QQ账号登录，选择素材，也可搜索素材，下载完成后，便可开始配音，作品完成后，可以通过微信朋友圈、微博等社交平台，分享给好友。应用自带的片源也挺丰富，女声配音中，有《北京遇上西雅图》《武林外传》《我爱男闺蜜》等电影电视剧的桥段资源，男声配音中，《新警察故事》《疯狂的石头》《龙门飞甲》等电影片段也颇受欢迎。此外，用户可以自己剪辑素材，上传至应用，再进行配音创作。

应用的配音系统会对用户的声音作一些修饰，用户刚开始使用时，把握好声画结合的节奏，可能较有难度，反复练习后，配音效果会明显提升。应用首页，设有“曝光区”“热门作品”“创意作品秀”“超级模仿秀”“最新作品”等栏目，碰到好作品，用户可以点赞、收藏。让播音爱好者略有遗憾的是，目前用户录制好满意的作品，只能在应用里存档、观看，或者发送链接，但是无法将作品下载至手机等终端保存。

App年度奥斯卡 全世界人民都爱用

章蔚玮 张 程

这几天，App们都按捺不住兴奋的心情，纷纷穿上华丽的礼服，在“红地毯”上争相斗艳，因为年底，是它们的“奥斯卡”颁奖盛典。苹果、谷歌都纷纷评选出了“年度最佳”，今年，有哪些App获此殊荣？且看它们盛装登场！

iOS篇

今年的苹果App Stroe“颁奖典礼”在中国区共评选出了年度最佳、年度优秀和年度最佳游戏App，当然，除了它们有“精美的外衣”外，一定有其“不同寻常”的理由。

年度最佳App

Replay：瞬间搞定大片

在众多高大上的视频编辑器中，Replay算不上是最出色的，但它最大的特点在于，绝对是最适合小白用户“把玩”的视频编辑类App，没有任何限制来妨碍用户的操作。

记者体验过程中的感受就是：无门槛。下载免费，打开后，进入“我的影片”，放入想制作视频的照片，数量不限；点击确认后，一秒钟，一部制作“精良”的微视频“瞬间”就搞定了。精良的感觉来自搭配的背景音乐的契合度、不同画面转场速度的变化，以及画面停留动态效果，这些有序搭配，最终呈现出一部颇有大牌风范的年度大片。

在Replay中有20多种精美的视频风格，用户也可以添加文字、变换音乐、设定转场速度、长宽比和移动焦点等。最重要的是，不管有没有专业能力，都不妨碍在一瞬间将照片变得“活色生香”。

颁奖词：把一门“技术活”变得如此简单，“小白们”也是醉了，可是视频制作人员会失业吗？

年度优秀App

榫卯：体验传说中的工匠精神

在“时尚快科技”中融入“中国古典艺术之美”，会是一种什么感觉？榫卯这个词看似生僻，App听起来更是老气横秋，但打开后会发现，古文化居然能做得如此惟妙惟肖。

干净简洁的画面、三维图像如实地还原复杂的结构、榫卯结合分离的动画、工具自然滑动的顺畅以及独特的背景音乐，让用户从360度进行观察和研究。即便不是专业人士，也能通过直观的展示来学习传统工艺。而且这种过程并不枯燥，在夏日夜晚的环境音中，有虫鸣和篝火的声音，这一切让人觉得平静，仿佛回到了遥远的年代。

尽管是一款比较小众的应用，但是榫卯的影响力却不小，上线20天后，取得了16万下载量并连续一周停留在App Store教育类排名第二的位置，受欢迎程度可见一斑。

颁奖词：历史传承，从古到今，工匠精神，感染大众！

年度最佳游戏App

Threes：让脑细胞不断翻腾

哪款游戏能创造出让人看来简单，但结果却总是失败的“欲罢不能”的感觉。

下载Threes后，忍不住感叹从图标到游戏主界面，实在很漂亮。但要当心“陷阱”，这不是一款普通的“数字小游戏”。

Threes通过滑动数字方块来进行组合数字3以及能被3整除的数字，例如1+2=3、3+3=6之类，到屏幕上无法再进行组合为止，分数越高越好。但越玩到最后，“轻敌”和“受骗”的感觉也就会越来越明显。简单的数字游戏背后，是难以摸清的“路数”，这也正是游戏的“迷人”之处。

事实上，像《1024》《2048》和《历史朝代》等玩法相类似的游戏均是以Threes为原型——凭借简单的合并规则和加法运算，让玩家的脑细胞不断翻腾。尽管Threes的风头甚至一度被“模仿品”覆盖，但似乎不影响其在玩家心目中的“元老”地位。

颁奖词：

看似简单的玩法却很有研究价值，将虐心进行到底。

Android篇

现在的App功能之强大，品类之繁多，完全可以颠覆世界观了。Google近日在Play商店公布了2014年的年度最佳安卓App榜单，多款世界知名的安卓App上榜。

思维类

TED：世界级演讲随身看

很多人都听过“TED 演讲”的大名，这里有来自世界各地、各行各业传奇人物对于社会、人类、科技的思考和感悟，甚至还能发现相关领域最前卫的研究成果。

在其安卓版本的应用中，可以搜索想要观看的视频的关键字。如果不知道看什么好，在“给我惊喜”栏目下，有“优美的”“勇气可嘉的”“新奇的”等多个子选项，用户可从中按自己空闲时间的长短，随机搜索视频来看。比如你在公交车上有十分钟时间，就可以选个8分钟的随机视频来观看。另外还有一个随机收听的按钮，如果懒得“看”的话，随机“听听”也不错。

目前，TED演讲视频里面的内容以英语为主，有些视频还没配字幕，英文不是很好的用户就当是练听力吧。

颁奖词：

听来自各界精英的思想碰撞，保证跟得上科技、娱乐、设计领域里最具洞见的思想。

生活类

IFTTT：如果发生这事就那样做

我希望当收到指定号码的短信时能自动发到邮箱，当天气应用显示为“雨天”时手机能提醒我带雨伞。尽管有很多单一功能的应用，但能组合起来使用的却太少。

IFTTT 是一款能将各种应用搭配起来使用的神器，If this then that，如果“这个”网络服务满足条件，那么就自动触发“那个”网络服务去执行另一个动作。条件和动作都是可以由用户自己根据自身需求设置。

完成注册后就可以在IFTTT里创建自己想要的应用程序了，A+B的方式可以满足所有的想象，同时还可以在平台上分享自己创建的“流程”。在这里可以发挥自己的创造力，享受奇思妙想的搭建所带来的乐趣，IFTTT已经打通App中的功能项，你只要嫁接即可。

颁奖词：

手机在口袋里会像在手上一样有价值了，迁移数据、应答新地理位置、接收通知——这只是开始。

管理类

奇妙清单：让生活保持同步

奇妙清单号称拥有“越看越耐看”的经典操作界面，选项少、简单明了、性能强大。它的首页不是直接的任务列表，而是清单列表，让用户对任务清单有更直观的了解。如果清单列表太多，它还有关键词搜索功能，可以快速拎出想要找的事项。

其中有一个很好玩的“大众清单”，用户可以将做好的清单通过QQ、微信、微博等社交工具分享出来。大家会因为清单的内容有趣、有用而收藏你的清单，比如你的“减肥计划”“学习书单”“恋爱攻略”等。由此你们可以建立联系，交流管理清单的心得和趣事。

奇妙清单不仅可以管理个人的待办事项，还可以方便地进行团队协作。奇妙清单很早就有了网页版，这也使得它的应用场景更为广泛和便捷。

颁奖词：

其终极愿景是帮助用户通过电话、平板电脑或计算机和工作生活保持同步，便捷给力。

借你一打App 一日看尽世界“花”

戚夜云

你，一会看我，一会看云。我觉得，你看我时很远，看云时很近……

即使是顾城在34年前写下的诗篇，用来描述今天咫尺天涯的距离感也仍十分的受用。人与人之间的距离总是有微妙的化学反应，不管是站在身旁几十年的父母，还是从小长大的闺蜜挚友，也不全然可以交流分享每一刻的生活和感悟。人们总是在感叹这是最好的时代，这是最坏的时代，这是最近的时代，这是最远的时代。在这个熙熙攘攘的社会，“万人宠”不如“几人懂”的需求总是似可及而不可求。于是以文字形式为主的Facebook、微博等表露心迹的社交软件开始渗入人们的生活。可惜，140字的只言片语总是来得很单薄，那些只可意会不可言传的事情就缺少了更为通透的表达，因此人们开始寻找更便捷、更直观且不局限于文字的事物来撞击人们的心灵，而图片就是当下最适宜的表达方式。

于是以Instagram为代表的全新图片社交方式迅速流行，花瓣、Nice等国产软件开始蔓延到我们的生活，而以此引领的全新“懂你”读图社交时代已如狂风般席卷而来。

花瓣：发现采集你喜欢的一切

适用对象：文艺青年

生活、家居、旅行、婚礼、美食、穿搭、摄影，如果你想在生活的每一面都期待有好的体验，参考花瓣将是不错的选择。作为中国版Pinterest的瀑布流网站，花瓣从2011年上线以来就已经拥有大批的追随者，如今已经发展成总采集量超过1亿的图片社交平台。

花瓣与其他自主拍照的图片社交软件不同，它更多是以收集、发现网络上你喜欢的事物为主，并为喜欢艺术和热爱生活的你带来不同的灵感。花瓣涉及的面十分广泛，不管是家居、手工、造型、动漫还是原创设计，这里应有尽有。有关美和创新的图片如同瀑布源源不断地展现，经常让用户沉浸在美的世界停不下来。艺术总是来源生活，高于生活，花瓣的用户不仅可以采集自己喜欢的图片进行收藏，也可以将自己有关生活的感悟通过自己的“画板”展现出来，同别人分享自己的想法。

不管是旅行中的照片采集还是晒晒生活的日常，一双善于发现美的眼睛和眼中的事物总会引起同类爱好者的共鸣，花瓣这种基于人和人的共同“爱美”为支点的在线交流的方式，总是会让大家在美中得到启发，并结识许多志趣相投的朋友。

Nice：时下最IN的照片分享社区

适用对象：时尚的弄潮儿

给照片打上自己的印记，让自己的晒图变得与众不同，来自时下最Nice的图片App，可以通过滤镜改变你的照片风格，通过贴纸表明自己的情绪主张，通过给图片打上标签，让图片轻轻松松说出你的故事。玩Nice的人，总是期待和兴趣相投的人来一场相遇，而其独有的场景私聊功能让你和陌生人毫无距离感。

Nice就是一种以“品牌滤镜”为核心功能的图片分享类社交应用。Nice可以在用户上传照片之后，通过内置独特的品牌滤镜，标记出图片中出现的品牌、地点、兴趣或者其他任何你想要标记的，向大家分享出自己有品质的生活。在发现一栏，用户可以看到当下最热的某一主题分享，以及同城热门标签的时尚内容，比如关于环球港主题有397张照片，如果你对环球港感兴趣，不妨点进去看看，别人分享的图片是否有你的精彩。

Nice整个分享过程非常简单，图片的最终成像也非常漂亮，如果你对自己的图片非常赞赏，还可以分享到微信和微博，让朋友们看到自己的时尚品位。

In：不in 就out

适用对象：爱show的自拍女性

In是一款定位于女性时尚分享社区App，专门为具有品牌偏好的女性提供基于个人品位和穿搭风格的图片社交方式。在In 上，大部分设计师和红人不仅能以图片形式看到国际潮流大牌新品信息，也可以看到最新的设计师单品，了解最前卫的时尚潮流资讯，普通用户同样可以在上面随时分享自己的穿搭风格，寻找到与自己有相同品牌偏好的达人，进行关注评论互动。

In的操作流程与其他图片社交大同小异，她们可以在自拍之后，用In 进行滤镜美化，给自己打上品牌、地点、心情等标签。In的用户大部分都是爱自拍的白富美，打开In，随处可见浑身上下都是名牌的自拍姑娘，秀自己的穿搭心得、标记自己个性穿搭品牌以及晒晒最新入手的时尚新品。如果你嫌弃自拍还不够show 的，他们设定的主题专区你一定很感兴趣，“露额头的都是美女”“闺蜜闹中秋”“今天你头大了么”等等都是靓女们常出没的地方。如果主题也不够表现你的品牌爱好，Prada、Tiffany、Hello Kitty等专有的大小品牌分享区你绝对不能错过。

专为女性量身定做的In，就是如此知女性，懂女性。也正因为如此，让In的用户黏性和忠诚度都很高。

耍大牌：耍出自己的大牌范

适用对象：土豪

趣味大牌贴图，耍出自己的大牌范。如果你是一个时尚潮流人士，耍大牌是绝对不能错过的展现自己品位的实用软件，拿出一张自拍照，不经意添加自己穿着打扮的品牌，配上一段简约的时尚感悟，便可以低调地炫耀自己的个性品牌风范。

要大牌App有别于以上三种生活化的图片社交平台，它依托于图片，却延伸到了品牌，涉及穿、妆、逛、购、食、饮、娱、住、行等9大方面，并依此分类，用户点击任何种类，进去之后都是品牌列表，选中你喜爱的品牌，你就可以看到要大牌提供的一切与品牌相关的功能和内容，以及喜欢此品牌的用户图片展示。

目前要大牌已经支持中、美、英三国的品牌地图，这意味着时尚达人可以在中、美、英三国随时随地地分享自己的时尚盛典。有趣的品牌风格分类，让每一个分类下的品牌成为用户华丽变身的一个通道。不过，要大牌之所以这么讲究品牌的原因，是因为它定位于中高端人士和品牌，目前已经与几十家一线奢侈品牌达成初步合作，用户以后在要大牌上不仅可以快速找到品牌，还能获得最新资料品味品牌。这样土豪们又可以低调地炫富了。

分分钟做个属于自己的App

郝俊慧

如果不是亲手测试，无法想象App的制作已经简单到这种地步。三分钟，便可生成属于自己的App，而且是安卓和iOS两个版本的；加入几个RSS源，新闻资讯便可自动导入，无需人工灌稿……那些靠为企业做App生存的公司们，真的很替你们担忧啊。

安米网：RSS一键导入资讯

安米网的操作适合于没什么目标的“App小白”，它提供娱乐休闲、新闻资讯、图像摄影、社交、明星名人等多种App种类供选择，绝对解决你的选择恐惧症。

以最简单的明星名人版为例，选择类别后，上传一张好看的应用图标。一定要提醒的是，应用图标很大程度上代表着你这个App的视觉水准，一定要让人第一眼望去有好感。当然图片格式也有要求，大小不超过1MB，尺寸为512×512像素的PNG格式。

如果你希望自己做的App将来可以在App Store里面下载，那么到证书这一步，就要仔细考量了。可以选择默认使用安米iOS证书，生成的应用不能发布到AppStore，但越狱与非越狱的iOS设备均可直接下载安装。也可以自己到苹果开发者官网上下载iOS证书文件，并且制作，这个过程可自行学习。需要提醒的是，在安米网上，使用已有iOS证书生成的安米应用虽可自行上传至App Store，但只有越狱iOS设备可以一键下载安装。

再进一步，就可以直接生成App了，你可以选择免费模式，但应用中部分功能将无法使用，且应用内嵌有安米广告，广告收入与开发者分成，也可以每月支付不同的费用，选择安米的各种收费服务。仔细看了看，如果广告、应用分享、推广等服务都要的话，一年大概付费在千元左右。

一切OK后，安米网便自动生成了安卓和iOS两个版本的应用和二维码，扫描即可下载。

接下来的事情就是往里添加内容。在“管理应用”界面，最下面一栏是导航栏：资讯、图库、音乐、视频、社区、广场，随便你添加内容，可以在资讯类再增加二级分类，将一些RSS源直接粘贴过来，或者添加自己想要的音乐或视频，所有新增内容都可以在生成的应用中马上展现出来。

优点：操作傻瓜化，无需任何软件和计算机操作基础。

缺点：增值服务有点小贵，版面的优化略显复杂，免费版的广告会嵌在内容里，有时候显得莫名其妙。RSS源转载的内容有时不完整。

官网：http://www.appbyme.com

简网：极简主义的试验

简网App工场，果如其名，整个过程非常简单，简单到你还没来得及反应，它就结束了。

简网无需注册，只要有新浪或者腾讯微博账号，直接登录即可，每个账号只能创建一个App。登录之后，上传图标、填写邮箱，并点击邮箱收到的激活链接，然后填写一些个人信息，属于你的App便自动生成二维码，扫描即可下载。

从页面上看，简网App比安米网的App更加简洁。但从后台内容管理上看，简网App有点像传统的网站编辑后台，资讯的输入、标题、内容都要一一填入，而不能像安米那样直接用RSS源来替代。视频目前只支持输入优酷网的链接，但从实际测试效果来看，并不太理想，手机端虽然能看到链接，却无法打开。

简网的好处在于免费，起码在体验过程中，记者并没有看到任何一处收费说明，在安米中需要收费才能使用的推广工具等，在简网中都是免费功能。在生成的App中，会有简网推荐的广告App，但对于一个免费工具来说，这完全在可接受范围之内。

优点：前期制作简单，界面简单清晰，且不收费。

缺点：后期制作App过程略显复杂，无自动导入功能。

官网：http://www.cutt.com

BAND：高级版“微信群”

杨鑫倢

一日，一个小伙伴发了一个链接到微信群里说：“欢迎你来‘好你妹妹’BAND。加入我们的BAND吧！”他要我们下载这款名为BAND的应用，说这是一个私人群组社交软件，一个有更丰富功能的微信群，“好你妹妹”是他给这个BAND群取的名字。

下载完，上手捣鼓了一会儿，我决定推荐给大家使用。因为BAND的确做了微信没做但非常需要的功能。

其实，微信的定位是即时通讯，一对一聊天可能没什么问题，但如果你使用过“群组”功能的话，会发现信息相当混乱，讨论事情不是那么方便。与微信群不同的是，BAND除了能实时交流，发文字、照片、语音、表情（会和LINE一样显示“多少人已读该信息”），功能，还包括有新鲜事、相册、日历等功能。

平时聊天时所产生的各种需求便能对应划到这些功能中去。以前在微信里，可能你的好友几天前传了一张照片，你若是没有马上将照片保存到手机里，就要花很多时间将信息拉到当天，才找得到你想要的内容，其实是相当没效率的。BAND把这些不一样的内容归类好了，照片就回到相册里，单纯的交谈就到聊天室。

在“相册”里，我可以新建不同名字的相册，上传照片。在“日历”里，我可以安排行程，这是我最喜欢的功能。比如我们前几天相约去看好妹妹的演出，我就在日历中添加了这个演出时间、地点，让别人“确认是否出席”，在活动开始前一两天，BAND会提醒我们演出即将开始。所有的这些动态，都会体现到“新鲜事”，就像SNS一样形成瀑布流的信息汇总，有时错过很多聊天内容，你可能都不必逐条回看聊天记录，到“新鲜事”里翻翻精华帖即可。

不得不提的是，BAND是LINE的众多衍生App中的一个，所以沿袭LINE的风格，BAND的界面清新，有很多可爱萌萌的表情。

总的来说，BAND有点类似微信类应用与SNS类应用的结合。但它相比人人网，发布的内容更有针对性，也更私密。相比微信，则功能更丰富。因为娱乐性的功能更多，BAND还适合三五好友或者情侣搭档，随便捣鼓捣鼓。至于变成百人大群还不太现实，一是不知道一个BAND能不能装得下那么多人，二是目前BAND的bug还比较多，人一多，体验不好。

两款不"装腔"的Mac App

孙 妍

Mac生来不是用作"装腔"的，Mac App也并不都是"高冷"款。也许你不是做视频的，不是做网页设计的，但你都可以将这两款平价的苹果机软件物尽其用。

Hype：Adobe"吐血"的动画高手

Hype是一个HTML5的创作工具，其特长是在网页上做出酷炫的动画效果，无需Flash插件，也无需历经噩梦般的编程，人称"FlashKiller"，想必Adobe公司并不喜欢这个售价198元的网页动画高手。

Hype的操作并不复杂，只要掌握关键帧、运动路径和时间线三个关键点就可以了。记录模式可以监测到鼠标在编辑页面上的移动，自动创建关键帧（可理解为运动的起点与终点），而后可以手动添加、移除和排列来调整内容。在Hype里，一个编辑页面允许多个时间线同时运行，可以实现多个动画效果同时呈现。比如手枪发射子弹后，子弹飞出和手枪震动同时呈现，子弹穿过靶心后，枪靶破裂和子弹飞出页面同时呈现。

Hype最强大的是它可以集成视频和音频,适合用来做互动的图表，比如简单的闯关小游戏；也可以用来做电子杂志和电子相册，在纪念日为TA送上一份只属于彼此的动画相册。

Motion5：DIY 3D视频

喜欢自己捣鼓视频的发烧友可以考虑入手Motion5，售价为328元，它可以供你DIY自己的FinalCutPro（视频剪辑软件）字幕、转场和效果。记者则更喜欢用它来制作2D和3D结合的动画视频，萌萌的儿歌MV，恶搞的吐槽视频，或是笼络HR“芳心”的面试自我介绍。这是一款备受新媒体界喜爱的动画视频编辑软件。

Motion5最难之处是理解3D的空间，它模拟摄像机，变换和跟踪屏幕或任意对象的空间运动。在2D空间，可以尝试挑战秒针、分针同时转动的高难度圆心运动。

除了Hype涉及到的关键帧、运动路径和时间线三个操作要素外，Motion5还引入了“Behaviors（行为）”，模拟自然界的运动属性，如重力、风、悬浮、吸引、排斥等等，不用设计复杂的关键帧，即可使字体和图形呈现自然的运动状态。

彩云天气：分分钟预报下雨

潘少颖

生活中经常遇到这样的情况，要出门了，看看天气，总是犹豫着要不要带伞，天气预报总在说“局部地区有时有雨”——等于没说。

关于天气的App有很多，但看到“彩云天气”这款应用时，不觉产生一丝喜感。因为它能预测的是，你所在的地方方圆1公里范围内未来1个小时之内会不会下雨——这很牛吧!

彩云天气的界面十分简单，分为上下两屏，上一屏可供所有人使用，因为信息很简单明了，就是当前气温，是否有风，几时几分后开始下雨及降雨大小变化。也可以通过降雨量地图看到整个城市最近的降雨动态，如果人民广场雨太大，那就可以绕着走不是吗？此款软件最有特色的是，小范围内非常精确。

如记者看到天气预报说“局部地区有时有雨”，窗外阴云密布，但记者打开“彩云天气”，上面却提示说，一小时内不会下雨。果然，最终没有下雨。说真的，像彩云天气这样精确至1小时内几点几分（降雨）的App，在应用场景上对应的其实是人们更加即时性的需求，比如出去遛个狗、在小区里跑个步等，都需要这样的天气预报。

据说，这是依托了高大上的卷积神经网络算法（模式识别、图像处理等领域的一种高效识别算法），对云的运动模型进行分类、识别处理，从而合成出1公里范围内云的综合运动方向，并推算出降雨带移动的下一个位置，而降雨时间的预测存在约5分钟误差，其数据来自中国气象科学数据共享服务网和中央气象台气象雷达。

假日快到了，带上这款App出门，游玩的时候想必会更加自如。

借书趣：图书馆不白跑

郝俊慧

尽管手机、iPad、Kindle等电子产品把书都缩小成一个个以K或者M替代的文件，但依然有人喜欢一页页手指与书的亲密接触。“借书趣”便是这样一款为那些依旧喜欢去图书馆借书人提供的“福利”。

如今的上海，图书馆早已不只有淮海路雄伟的上图一家。不仅各个区有自己的图书馆，连不少街道、里弄、小区里，都有很多小而精致的图书馆，而且全市图书馆都可以通借通还，对于爱书人来说，着实是件好事。“借书趣”则让这件好事变得更贴心，它是一款方便用户在上海大多数图书馆借书的应用，可以直接查看想借的书有没有、哪里有，炎炎夏日，终于不用顶着大太阳白跑一趟了。

“借书趣”界面很简单，直接在“搜索”中输入书目、作者、或者ISBN号寻找自己想借的书，找到之后放入“想借的书”清单，然后生成索书列表。App会自动推荐有此书的图书馆，或者你也可以在全市数十家图书馆的列表中找寻离自己家最近的那个，看看里面有没有。同时将好几本书生成索书列表后，App还会自动推荐拥有这些书最多的那个图书馆，省得你在不同图书馆间跑来跑去。

需要说明的是，“借书趣”给出的结果都是目前此书尚在可借状态，如果查询不到某本书，并不是图书馆没有，而是可能被借出去了，过几天再来看看，或许便有了。

剪贴并：将截图无缝拼接

潘少颖

一般在iPhone上要把一段对话完整地展示给人家看，无外乎整个截图，或者一条条复制，而前者的缺点在于一些隐私的内容没办法隐藏，要隐藏还得用一些处理软件，而且截图也只能截一个页面上的，你肯定见过朋友发了好多张截图只为了展示一段对话；而后者的缺点则在于很麻烦，而且展现不出对话的整体感。

要想两全其美，试试软件“剪贴并”，可以将多张iPhone 截图拼接起来，并且在连接处已达到无缝拼接的目的，另外给隐私部位打上马赛克，适用于短信、微信、QQ等对话。

从理论上来说，“剪贴并”相当于一款图片处理软件，把想要展示的对话一张张截图之后，从“剪贴并”中打开这些截图，这些截图会一张张竖向排列开来，每张截图都可以拖动，其实就是在调整顺序，此时，每张截图之间还是有空隙的。顺序确定之后，再拖动一张截图，让它和相邻的截图相连就可以了。

对于诸如时间、姓名等隐私部分，要隐藏也非常简单，在软件提供的8种颜色调色盘上任意选择一种颜色，直接用手指抹在想要隐去的内容上即可。

一切都做完后，图片保存下来，就可以把这张长长的截图发出去了。

寻找有趣的微信公众账号

郝俊慧

和许多微信重度患者一样，记者微信中的“公众账号”一长串，每天定时都会有内容推送过来，但实际点进去的几率却不高，至多十分之一。原因无他，实在太多了。

“享读·自媒体”解决的正是这样的难题：究竟哪些公众平台值得关注？“享读·自媒体”是一个公众账号推荐平台，相当于为懒得动脑筋的人做第一步筛选，每天它都会精选当天公众账号发布的内容，点击之后可直接收看，无需转移至微信平台。

当然，如果“享读·自媒体”推荐的内容不合口味，也可以自己去寻找感兴趣的公众账号。粗略估算了一下，“享读·自媒体”集中了三四百个公众账号，点击首页“设置”可以看到不下25个区域，如新闻、科技、互联网等，点开任意一个，每个区域里面都有至少10个以上的公众账号。

“享读·自媒体”将这些公众账号的内容做了整合，根据兴趣，选择相应的区域后，随意点开某个账号，都可以看到其发布的所有内容，这点比微信上必须回复“历史消息”才可以看到以往内容，体验要好很多。觉得哪个公众账号符合自己胃口想关注也很简单，进入账号，找到下拉框，点击“关注”，如果想取消关注，直接在账号名字上左划即可。在公众账号中看文章的话，向左划是下一篇，向右划是上一篇，返回、评论、阅读设置等功能键在屏幕下方，操作十分简单。

iPhone版下载地址：goo.gl/dsi3X（免费）

Android版下载地址：goo.gl/c2jvV（免费）

用手机将照片变成PDF文档

钱立富

在日常办公中，我们经常会将PDF文档转成图片，或者将图片转成PDF文档，利用Adobe以及其他一些软件，可以在电脑上实现这样的功能。而现在，在手机上就有这样的应用程序，可以将照片、图片直接转换成PDF文档。如果你经常收听演讲，觉得手写速度太慢的话，不妨用用这款软件，将演讲者的PPT内容直接拍成照片，然后转换成PDF文档发至自己的邮箱，或者直接打印出来。

这款软件，叫做“TinyScan Pro”（小小扫描仪），使用起来颇为简单。

用户先要做的事情就是拍照片、选照片。比如将一页文件拍成了照片，然后对照片进行简单的调整，包括尺寸、灰度和亮度等。再到尺寸选择中选择将照片中的部分内容或者全部内容变成PDF文档。灰度、亮度调整的选项则将用户因为光线不足或者拍摄不佳造成的“烂片”，变得清晰可阅读。此外，在当前界面下还能够对文档的角度以及纸张规格进行选择，A3还是A4，你自己定。不过，软件的文档边距识别能力还比较有限，而且纵向拍摄的照片，编辑时却变为了横向，不明白是何原因造成。

生成好的文件可以用邮件发送出去，或者如果你的iPhone无线连接了打印机，也可以直接打印出来，这样你的手机就相当于一个扫描仪了，功能简单却胜在实用。对于遇到一些紧急情况，又无法记录文件的情况下，这款软件对你的帮助相当大，推荐经常外出工作的朋友下载使用。

iOS版下载地址：goo.gl/rXTML（30元）

三款学霸类App 在线秒杀难题实测

沈艳燕

作为一名小学生的家长，相信很多读者都有和记者相同的经历——辅导小朋友做功课实在是一件既耗体力又费脑力的技术活！现在，有不少App可以在线解答家长的问题。记者就找来几款当下App Store中最热门的相关软件，进行了一番试用，看看哪个更能拯救爸爸妈妈们的焦虑吧。

PK回答速度：别让人等得太心焦

对于心急火燎的家长来说，发送问题，最好马上就能有答案。记者同时将一道难解的小学奥数题，上传到这三个App中，看看结果如何。

“问他”大约在两分钟后显示，“小问已经收到了你的问题，请耐心等待老师和学霸们解答哦”，又过了大约5分钟，有一位网友给出回答“貌似不可能”，但也没有具体的解题步骤，看得记者很是着急。“爱考拉”上，问题始终显示“未解决”，直到20分钟过去，也无人给出回答。

最后再来看看“爱辅导”。大约2秒钟后，屏幕就显示已将题目推送给8位老师，并显示有一位名为@aigsy的网友正在解答问题。两分钟后，屏幕上就跳出“@aigsy已为你解答了问题”的字样，点击“查看老师的解答”，直接听到一段25秒的音频，画面上则出现解题步骤。原来这位@aigsy是来自天津大学硕士三年级生姚文谨，她用语音回答：“这道题可以画一根很粗的直线，将图形分成两个三角形。”但她也同时补充，这只是一个参考答案。“老师也不能非常肯定！”——好歹总算有了答案！

PK师资力量：小伙伴VS实名制

三人行必有我师。有时候碰到很棘手的题目，总是希望能遇到牛一点的老师来为你解答。在这点上，这三个App也算各有千秋。

“问他”依旧走的是“小伙伴”和“土豪”共存的方式，也就是“网友力量大”，每个注册登录的人，既是提问题的人，也是回答的人。如果一名网友给出的最优解答最多，级别自然也最高。但在这些网友中你很难分辨他们的身份，因此答案的权威性也总要再想一下。

“爱考拉”的老师名单则都列在“名师推荐”一栏中，他们是教什么的、是否是高级教师等个人档案都清晰显示，还有真人头像，不过有些老师并未用真名，或只写“赵老师”或是“付老师”。

“爱辅导”则又进了一步，所有“辅导老师”的真实姓名、星级评定为几颗星等，都一目了然，看起来是完全实名制呢。比如清华大学四年级的张言，他可以解答的是物理和数学科目。如果是专职老师，个人档案中也会注明。要是你指定想跟某位老师请教，就算他暂时不在线，你也可以先“发送短消息”，等待对方的回复。

PK提问方式：除了上传照片还可语音发问

这几款App使用起来都还算简单，不过从一开始的注册步骤也能看出一些差别。比如“问他”就比较简便，就算你不注册登录也能在线提问。而其他两款则必须申请个人账号，至于申请过程也各有不同。“爱辅导”只需用户名和手机号即可，但“爱考拉”则需要你填写一些更实际的资料，比如你在上海哪个区、什么学校、几年级等，估计是便于更有针对性的答疑解惑。

在提问方式上，这三款都支持上传照片，把问题用手机拍下来，直接上传就行。但“爱考拉”又多了一个直接语音上传的功能。记者的感受是，又是输入文字、又要拍照实在很麻烦，直接对着手机说出你的问题，既快又方便。

现在的小学生，不管是数学、英语，还是语文，常常会有一些很纠结的题目，就算你去问十个人，大概会有十个不同的答案。要是你不怕麻烦，倒是可以多问问这些App，毕竟大家的知识集结起来，有时候也能给你很多灵感。

别把App当成出气筒

说这几款App是学霸类软件，的确有一定的道理。但它们毕竟只是一款工具，还无法做到像老师在课堂上面对面教课那样零障碍地沟通。记者又采访了几位使用过该App的父母们。担任某媒体编辑的Angela 黄告诉记者，一般孩子做功课遇到问题，她会找一些担任教师的朋友来帮忙。但如果把问题上传到App，就像把命运交给了未知，等5分钟、10分钟都没有回音时，心里是非常焦急的。有了这些学霸App，解答难题是方便很多，但更多地还是要靠平时的积累，以及跟老师的多多交流，毕竟远水解不了近渴。

记者自己的实际体验也同样如此，遇到难题久而未决时，家长和小朋友的心情都未必心平气和，所以App大概难免要变成“出气筒”了。平时家长也不妨和小朋友一起建立一个“错题集”，还可以通过这些App来举一反三，比如“问他”中就有“相似题目”的题库，弄懂了这道题，顺便去看看其他同类型的题目，再巩固一下。

用语音翻译与全球小贩砍价

王 昕

恰逢暑期，国内出境游迎来高峰，为了让你在世界任何一个角落都能与当地人顺利交流，记得在出门前装上一款翻译软件，别忘了，一定得是带语音翻译的。

语音翻译，顾名思义就是你对着手机说中文，而手机则将你的话翻译成各国外语等，并朗读出来。也许你会说，我的英文很棒，但别忘了，还有法文、西班牙文、日文等呢，没人能做到样样精通。所以，你想成为跨域交流达人，别忘了为手机装上一款语音翻译App。

目前，此类App不少，有道、指指通会话等都能实现语音即时翻译，之所以推荐“百度翻译”，是因为其离线翻译功能还算强大。要使用离线功能，记得在出国前利用免费WiFi先下载好离线翻译包，这样一来，翻译速度也会大大提高。

目前，百度翻译支持包括中英、中日、中西、中法、英泰、中泰、英日互译，甚至还包括了阿拉伯语，可算非常细心，现在去迪拜扫货的国人不少，也许就会用得着。

另外需要提醒的是，利用百度翻译订房、订餐、问路都是不错的选择，但要进行深度交流还是有困难。据网友反映，其最好用的功能是用来和当地小贩砍价，因为数字相对简单，翻译准确度高，实战效果颇佳，可谓“国际砍价神器”。

至于百度翻译的实际水平，这里只能简单举一个例子，如四喜丸子，会被翻译成Braised pork balls in gravy（肉酱里的猪肉丸子），可算非常准确。据说，麻婆豆腐、夫妻肺片也都能翻译出来。

个性随身带，洗耳听天籁

章蔚玮

音乐App大行其道，你如何找到属于你的哪一款？这里，我们从庞大的音乐App队伍中，找出那些容易被大家忽略的，却足够有趣且富有创意的音乐App与大家一起分享。它们各具独门“花招”，保准让你的耳朵“动起来”。

天天动听：菜鸟也能玩转音效

谁说手机端的音乐类App，只能提供“快餐”式的听音乐体验？“天天动听”是一款自称“无损音乐”的手机端音乐播放器。从记者的操作体验来看，丰富的音效是它最大的特色。例如，艾薇儿的“tik tok”，将“均衡器”调节为“舞曲”；“环境”设置为“演唱会”，音效上会明显提高“重金属”的表现力度，更具动感；又或“恩雅”这样的空灵歌手，“古典”+“洞穴”的组合，会在原有基础上增强“回音”效果，更觉深邃，将“空灵”发挥到极致。

如果你不确定自己当下听的音乐究竟适合哪种音效组合，不妨边听边试。播放音乐时，打开右边的“音效”，目前，均衡器中包括：普通、摇滚、流行、古典、舞曲、超重低音、人声和私人8种效果，而“环境”则包括演唱会，卧室、石屋、剧院、洞穴、空巷、城市、停车场、客厅、礼堂、大殿等别致音效。即便你不是音效发烧友，也可以试着去搭配出有趣的，或者是足以提升当下视听体验的音效组合。

目前，在曲目列表旁会注明歌曲是否属于“无损”音效。无损音效支持APE、FLAC、MP3、AAC、M4A、WMA、ALAC、

WAV等音乐格式，下载时有压缩品质、标准品种、高品质、超高品质等5种音效可供选择。

乐星空：划动歌词分享感动

一个人听歌，最大的缺陷就是无人分享，一句打动你的歌词，是否也同样记录别人的心情故事？乐星空或许就能满足你以词会友的愿望。

首先需要进行QQ账号登录，同时也可以根据“歌友”挂出的歌词中选择有共鸣的添加关注。乐星空提供了丰富的曲库，可以从中选择你感兴趣的音乐，不同的是，你可以在你听到有感触的歌词处，写下你的点滴感受。比如王菲的《流年》，很多网友都在“有生之年 狭路相逢”颇有感悟，大家就能形成一个借词抒发的社交圈。一边是留下自己的心得感受，另外一边则是交流其他人的心得感悟。让听歌不再只是一个人的事情。

具体操作很简单，在有感触的歌词处，用手指向右滑动，在跳出的框内写下当下的心情就完成了。或者，在一首歌的下方已经有网友做了评论，你可以“借题发挥”，点击“喜欢”或者“饭碗”。陌生人因歌而生的共鸣或许会帮你增加不少听歌的乐趣。

GROOVE：根据喜好来组织音乐

用 GROOVE自己的话说，就是“可学习你的听歌习惯的智能音乐播放器”。GROOVE并不是一个搜索型音乐播放器，它的最大特色是，将你现有的歌曲做个排列组合，它会自动分类你收听频率最高的音乐，然后就是“看人下菜”。

在GROOVE中“启用音乐记录”功能，在这里使用者的音乐播放历史会被记录，播放器会对数据进行分析，如果你点击“surprise me(惊喜)” 功能，系统就会自动推荐它认为你更加偏爱的音乐进行播放。同时，点击“mix(组合)”，系统也会根据你的喜好，将你收听频率高的、风格全然不同的音乐进行有趣的组合，比如新歌和老歌自动组合的“Cat Power”和“Pj Harvery artist duo mix”，同样能给你带来视听上的惊喜。

但是 GROOVE 最大的缺点是只能导入“iTunes”音乐库中的音乐曲目，相对局限性较大。

Wickr：来一次绝密聊天

王　昕

现在，人人都知道手机安全很重要，不过很多“手机卫士”与Wickr相比，简直就是小儿科，Wickr可是头顶“全球第一隐私通信软件”头衔的大牛App。

据创始人Robert Statica介绍，通过Wickr计算加密后，公司的服务器也无法解读其中内容，因此不用担心任何一个环节泄露隐私，就算Wickr服务器被黑，用户的通信信息依然是安全的。

Wickr的另一个杀手锏是，清除信息时会重新写入随机垃圾数据，覆盖原有数据，即便专业数据恢复软件在你的手机上也打不到Wickr留下的任何蛛丝马迹。

就像微信那样，通过互相搜索添加好友，不同Wickr之间便可以发送各种信息。此时与普通的社交软件并没什么两样。可是，一旦用户需要删除曾经发送的信息时，Wickr立刻显得无比强大——销毁具双向性，除了在你的设备上，他人设备上的信息也会被销毁，而且比著名的Snapchat（阅后即焚）要更可靠百倍。

Camoji：制作GIF像打太极拳

王 昕

这么大一个人，你还只会对着GIF傻笑，快来提高一下自己的Level，让自己也成为快乐的制造者。Camoji就是一个GIF制作小工具，从拍摄到制作最快只要几十秒种就能搞定，没有技术门槛，只要有幽默细胞就行。

Camoji利用全手势操作，开启应用后，默认先打开的是前置摄像头，此时通过横向滑动来切换至主摄像头，按住屏幕即可开始录制GIF，松手录制完成。此时，Camoji不停重复循环播放已拍摄的GIF，方便查看效果。

为了化繁为简，Camoji省去了复杂的高级设置，更没有用来沉淀用户的分享社区，其整个App的所有操作几乎可以用“上下左右”来完全定义。

上滑，将GIF图通过彩信发给好友；下滑，切换到拍摄模式继续拍摄；左滑，删除当前GIF；右滑，分享到微信等；长按，则表示拷贝；点击图片即可添加文字等搞笑评论……果然，整个软件一个按键都没有，滑来滑去的操作方式就像在“打太极”，行云流水，只要记住“上下左右”的口诀，即能一气呵成，开启自己的GIF制作之旅。

照片玩出“新”花样

周丝韵

捏捏：用漫画来“社交”

漫画让大家放心大胆地、尽情尽兴地表达自己。现在，捏捏来了。

打开App，选择“捏人”菜单选项，可以挑选喜欢的发型、肤色、配饰、服装等，3秒钟就能搞定漫画形象。

捏捏内置了喜怒哀乐逗傻痴狂颠郁骚闷等40多种表情，可以表达高兴、烦忧、随性等各种心情。想象一下，想向老板表忠心、向女友求原谅，压力好大发张漫画呢？完全没问题。同时，也可以在捏捏特制的“工作”漫画中，加上文字：“我好喜欢加班！”也可以在“跪搓衣板”漫画上写下：“求原谅，我错了！”捏捏中的漫画人物可以360°旋转，人物的关节可以运动，可以跑可以跳还可以躺下。

此外，还可以把漫画形象放在真实的场景中。选择“拍照”，再选择特定的漫画形象表情，按下拍照按钮，一张将漫画和照片结合的图像由此产生。记者出差时用了这一功能。图片中“漫画”的我拖着拉杆箱走在“真实”的车站里，再配上心情，立马吸引了好友的围观。多么吸睛的选择！

哈图：让照片有“魔法”

照片太过平淡，试试哈图吧。

哈图能让照片拥有“魔法”，主页里有一系列搞笑“魔法”照片，有美女突然半张脸变怪兽的，有猛男拥有天使脸庞的，配合一系列天马行空的“魔幻”场景，令人忍俊不禁，也让人感叹此等照片“魔法”的强大。

这些强大的魔法操作起来其实

很简单。打开哈图，登录后点击界面下方中间的圆形按钮，选择一张照片或是选择现拍都可进入“魔法世界”。可以更换背景，也可以选择滤镜。更为“神奇”的是，可以使用“魔贴”，在这里，可以戴上钢铁侠的头盔，可以学Flabby Bird飞过枝头……还不够尽兴，那就去“魔贴中心”吧，那里有影视、明星、动漫、发饰、发型等各种好玩的内容，下载后便可收入“魔贴”世界中。“魔法”施展完毕后，点击“保存并分享”按钮，一张充分发挥想象的，带有“魔法”的照片便可出炉。

在哈图里，既可以分享自己制作的“魔法”照片，也可以看到别人的“魔法”，并加以评论。一张张有趣而又充满创意的“魔法”照片，实在是拥有让人一秒就开心的“魔力”。

足记：大片既视感 刷爆朋友圈

孙　妍

《有一个地方只有我们知道》，徐静蕾这部“布拉格之恋”正适合文艺小清新的风景照。朋友圈中，大家不禁感叹：一贴上电影中的中英、中日对白，普通的照片就有了一种“大片既视感”。

这是用一款叫做“足记”的App制作的，短短十天，足记从App Store排行榜第1000名，Duang一声蹿到了免费分类Top 1。

足记的口号是“像电影一样去生活”，它的灵感来源于加拿大摄影师Christopher Moloney，他喜欢跟着电影去全球旅行，比如赫本在《蒂凡尼的早餐》里驻足过的珠宝橱窗，《名扬四海》中群起而舞的纽约街道。Christopher Moloney将老剧照放置在这些拍摄地点中，电影的黑白色调与现实的彩色形成鲜明对比。所以，足记原先的主要功能是画中画。

在足记发布的2.1.4版本中，加入了横向宽屏拍摄、滤镜优化效果、添加中英字幕等功能，就是这次升级，让足记像蝴蝶效应一般引起了风暴。

知乎上总结“为什么足记App这么火”，有一点很在理，“大片模式”满足了普通人进入荧幕的遐想，“大片模式”可以让影迷用日式冷笑话吐槽生活，反讽社会现状。只要输入中文字幕，就会自动翻译英文。“既然琴瑟起，何以笙箫默”的翻译是“You are my sunshine”；“我用了‘足记’之后，是这个样子的”这句广告有个神翻译“Duang”！

足记还有电影“原生大法”功能，地理坐标定位在上海后，足记就会在“发现”里推荐影视剧拍摄地点，比如《何以笙箫默》里赵默笙苦等何以琛的咖啡馆，《千金女贼》里的刘恺威和唐嫣打算结婚的圣三一教堂。

它的滤镜带有电影色彩，《马路天使》的黑白、《花样年华》的复古、《东京爱情》的泛白。另外，外星人还会用飞船带你“飞呀”，将你掳到世界各地。不过，这个功能还存在一些Bug，没有搜到玛丽莲梦露探头的窗口，也没有搜到莉香离开的火车站，也真像是外星人开的玩笑。

春天来了 养生正当时

孙 妍

春天来了，我好像患上了“永远睡不醒症”“哪里都胖症”“经常叹气症”……

古语云：“春分者，阴阳相半也，故昼夜均而寒暑平。”春分养生之道，自古有之。草长莺飞，人类处在万物之中，也遵循着节气，身体各种机能从长长的冬季中苏醒，踏青、锻炼、调理膳食……各方养生妙招统统来一遍，从而避过疾病高发期。选取一些合适的应用来辅助你的春分养生计划，可以避免不当的饮食和运动。

过日子：对症下药有妙方

一曲终了，病退人安。你知道自己的心肝脾肺肾喜欢听什么歌吗？比如脾最喜欢听《十面埋伏》，早餐后听可以帮助消化，饮一杯黄茶效果更佳。这些建议来自随身的养生专家——“过日子”。

先花5分钟让养生专家帮你测试一下体质吧，你喜欢安静，懒得说话吗？你容易有黑眼圈吗？你无缘无故叹气吗？答完题后，过日子会评判你的体质，随后会用一系列图片形象地描绘症状以及由此产生的问题。

而对于一些常见症状，例如冒痘痘、胃痛、感冒等，过日子不会直接给出解决方法，而是先进行一轮测试，为了对症下药。拿冒痘痘来说，痘痘长在额头还是下巴？舌苔是不是很厚？便便的情况如何？提交症状以后，它会匹配方案出一个5天痘痘改善计划，早上7:30它会提醒你喝一杯温盐水排毒，下午3:00它会提醒你拍拍八虚。

除了为自己调理身体以外，过日子还可以测试并保留全家人的体质情况。买菜前，妈妈们可以点击“我要吃蔬菜”或者“我要吃肉”，它会根据每个人的体质推荐适合的食材。做饭之前，妈妈们也可以打开“春季美味”，它会推荐各种适合春分时节的食谱。

体验报告：

关于减肥、降血压等受关注的健康问题，可以加入更加详细的养生计划。

练练：甩掉冬膘露出美腿

“办了3000元的健身卡，一次都没有去过，但我的减肥目标达到了，因为没钱吃饭，一个月瘦了6斤。”

露腿的季节即将来到，减肥健身App遍地都是，选择“练练”的主要原因是它的“萌贱小胖人陪你一起练”的呆萌劲儿。

一个没有五官的小胖人一直伴随左右，界面设计十分有亲和力，输入自己的身高、体重等信息后，练练会给你出一份简单的身材报告：您的身材得分超过了全国80%的用户，脂肪比28%~38%，BMI(身体质量指数）为22，体重偏高。

练练并不迷信高强度的训练计划，因为一般人都没有毅力坚持下去。它会根据你的身体状态推荐一个锻炼方案，精确到时长、强度、训练项目、锻炼部位等。

然后，就要开始每天的打卡练习啦。点击“开始”后，萌贱小胖人就会像教练一样，给你喊动作要领“平躺、双脚微微离地”，并打节奏。如果你做不动了，可以放弃当天锻炼。运动时，小胖人会举起它的小短腿，一到休息时间，它就会举起白旗瘫软在地。有这样萌贱的训练小伙伴，锻炼也就不枯燥了。

一项运动结束后，练练会统计出一周的训练时间表，并显示“训练5分钟，相当刷微博1次”，还会颁发“菜鸟”“新手”等勋章，以此来激励你继续坚持。

体验报告：

萌图演示不如真人演示清晰，有些动作可能会做不到位。如果根据每天摄入的热量来调整训练计划，训练效果应该会更好。

喝水时间：我是水做的

春困秋乏，很多朋友都患上了“永远睡不醒症”，隔三差五迟到，春天尤其。

其实，喝水是最好的醒神方法，因为有了水，身体中的小细胞才会被唤醒，特别是女性最在乎的皮肤。有理论研究表明，人体每摄入1卡路里的食物，就需要补充1ml的水分来平衡身体的代谢。

虽然会经常听到，一天都没喝足8杯水，怎么能变美变帅呢？但是每个人所处的环境、饮食习惯、生活作息都不尽相同，所以，身体所需的摄入量也要经过科学计算。打开“喝水时间”，先选择你的目标，健康、美容还是补水疗法，再输入自身的基本信息，比如：轻度劳动、女、23岁、50公斤等，再将一天的作息时间表依次调好。喝水时间就会科学地计算出你所需的喝水量，随着天气湿度、季节的变化，它会随时调整喝水量。

喝水时间会根据你的喝水计划，按时提醒你喝水。应用界面十分简单，它会提醒你今天还需要喝多少毫升的水，然后以环状的图表来呈现。一到喝水时间，你只需要做的是按量喝水，按量记录，皮肤自然就美美的。

体验报告：

美肤中心经常会出现闪退现象，提醒功能可以用闹钟的形式来加以改善。

Withings：小天使也在春天里萌芽

如果你的宝宝还在襁褓之中，那么今天喂了几次奶、宝宝这周长胖了多少这些记录十分繁琐。特别是春天这种时节，孩子有个头疼脑热还真不知道问题出在了哪。如何让宝贝在春天健康长大，让年轻妈妈们操碎了心。

Withings这款App没有不明觉厉的功能，主要可以帮你记录宝宝的体重、身高、喂奶时间和喝奶量这几项指标。体重一栏右滑可以显示宝宝的BMI指数，喂奶记录一栏右滑可以显示每天喂了多少瓶，一共喂了多少量。点击身高或体重一栏，都可以看到宝宝的成长曲线。

别小看了这些记录功能，Withings把这些数据一再细化。点击右上角可以添加记录，除了随时调整身高、体重外，还可以将奶粉和母乳喂养分开记录，母乳喂养还分为左右。如果不需要记录母乳喂养，还可以根据自己的需要调整类目。除了宝宝的身体情况外，还可以添加妈妈的身体状况，在哺乳期，妈妈的健康尤为重要。

体验报告：

目前只有英文版，像智能监控、宝宝体重计等产品的购买和配套都不太方便。

忘了“足记”，高能美图App还有很多

周丝韵

最近，一张张电影大片似的摄影作品在朋友圈中以不可预估之速度发芽、生根，到现在仍旧是“满屏尽是大片”的状态，让人应接不暇。无疑，足记App，火了！但其实，除了足记，还有许多美图应用也能创造出高能的美图，且并不限于电影大片模式。经过这些应用制作的照片，一经晒出，其独特创意总能将众人吸引过来点赞不已。

Path On：指间的文字

倘若你是个摄影师也是个诗人，总爱在照片上题几个字来表达心意，那么这款App再适合不过，它可以让文字随着你的指间排列，圆型、螺旋、正方或任意状，通通不在话下。试想，当你在自己心爱人的照片上绘制出心形并打出“我爱你”这样的句子时，多么神奇和浪漫。

Path on的操作也很简单，手指划一划，再输入文本，就能完成了！只需几秒钟，你就可以把简单的短句、笑话、歌词等等任何你想到的文本编辑在图片上。随后，你便可以将这些有意思的图片发送给你的爱人、朋友，或将它放在社交软件上分享。

想要让照片足够“吸睛”，一般的字体哪能撑得起来。Path on的应用开发者为用户精挑细选了70种艺术字体和实用经典字体，让文字的魅力在变幻中展现无遗。此外，该应用还提供多样化的字体选项，

具备尺寸调整功能，同时还可设置字母间距、行间距等等。如此，图片与文字往往能达到最高的贴合度，一张崭新的“完美照片”油然而生。

点评：

文字在于流淌，指间的文字，像诗一般，如画一样。

MarbleCam：“水珠”里的世界

“一花一世界，一木一浮生。”生活的一切原本都是由细节构成，在某些细小的事物中，我们可以看到整个世界，比如一滴水珠。

MarbleCam就是这样一个以小见大的图像软件，它能让照片呈现出浮在空中的水珠，以及水珠中那种特别的倒映效果。从这滴水珠中，你可看到整张照片的形象，犹如窥探了世界一般。

具体操作方式如下：选择“camera”打开设备的摄像头，按下快门进入照片的预览，觉得还不错的话点击下角的“use”。由此，一张水珠照处理完成。不难发现，水珠中的景物有被放大、模糊的背景效果。也正是这一效果，给了我们一种文艺、清新又似曾相识的感觉，届时，所有的焦点都在水珠中集中。

照片处理完成之后，用户可选择“share”选项，将照片分享给朋友。需要注意的是，MarbleCam 处理照片中“水珠”和背景始终是倒着的。拍摄景物时，“水珠”中的景色倒映通常会让人感觉到文艺、自然；但当拍摄的是人物时，这一“水珠”中的倒映就得需要好好把握了，不然会显得奇怪、不自然。

点评：

由小见大，水珠中也能透出整个图片的样子。

织图：一串“照片旅程”

传统的图片类应用几乎都在单张图片上下功夫，加个什么朦胧的滤镜特效、打造有声图片等等，鲜见有应用在多图的领域进行创新。对于多图，我们往往都是采用顺序排列、拼接等普通的组织和显现方式。但是，有了织图这款软件后事情会变得不一样。

织图采用了套图的形式，可以将照片以放大镜的形式放在背景照片的任何位置，以此来连接至下一张图片，并一直嵌套下去。当你回过头来看，你会发现这俨然是一个逻辑清晰的“照片旅程”。有旅行者利用这款应用记录了他的旅行，在一张山水环绕的图片中有五个圆圈，不要小看这几个圆圈，每个圆圈都是一个“放大镜”，点击就能出现该位置的一张近景照片。比如点击最上方的“放大镜”，就能出现古镇环山上的一张山居图。试想，当你处在这样一个场景，用什么样的一张照片都不能很好地表现出场景时，或许这一应用的组图方式将会是不错的解决办法。

此外，你还可以在圆圈中加入箭头的指示标识，如同一个游览指南，让看图也变得有乐趣起来。而这之中，你所需要做的，就是选中要添加的一系列照片，然后依照自己的顺序组织图片，按层次和逻辑关系排列好。

点评：

用自己的方式去编排照片，从照片中窥探旅行足迹。

iFoggy：雾气朦胧的浪漫

在雾气的玻璃或镜子上写字，想必是很多人有过的经历。据说这是一个很治愈的举动，让人说不出缘由的喜欢和上瘾。

iFoggy就是这样一款应用，它能模拟在雾气的玻璃上写字的感觉，并为你呈现出带有朦胧特效的照片。选择一张照片进行操作，随着手指划过雾气被拨开，圆润而拟真的摩擦声音即从耳边掠过，露出些许清晰的背景内容。嫌拨开速度慢？此时“笔触大小”的滑动条便能发挥作用，当其被调到最大时，竟让人有种“将雾气全拨开”的冲动。当然，如果画出的形状不满意，还可以点击“回退”进行撤销操作，或者使用“重来”按钮将图片还原至初始的样貌。此外，该应用还提供了文字输入的功能。用户可添加任意文字，同时还可设置文字的字体和尺寸。操作也很简单，只需长按文字框下的手势状按钮，便可将文字图形拖拽到图形上的任何位置。

试想，当一张经iFoggy处理过的照片出现在你的朋友圈时，雾气朦胧、若隐若现的特点定会勾起人们在雾气的玻璃或镜子上写字的回忆，引发他们关于照片的好奇和讨论。

点评：

这种类似写字的体验，如同捏塑料包装缓冲膜上突起的泡泡一般，给人一种说不出的满足感。

再不为微信表情发愁了

戚夜云

曾经有一份珍贵的微信表情包放在我面前，我没有珍惜，等我换手机失去时，才追悔莫及。人世间最痛苦的事莫过于此，再也不能幸福地和女神聊天，时时发一些小幽默，也不能和老爸老妈插科打诨，用图片撒娇，更关键的是，作为好基友们最主要的卖萌战场，没有了表情的微信，我就成了没有武器的士兵，整个世界也都黯淡了。

如果上天再给我一次机会，手机里这些微信表情的App，一个都不能少。

暴走表情包：暴漫精髓屌丝必备暴走

作为微信忠实的用户，如果你的表情里没有暴走漫画，那你就真的OUT啦！作为“搬萌弄腐”之神器，没有什么比暴走漫画更适合做表情的，无节操、有深度、简单粗暴，发自肺腑的台词，不需一言一语，一个暴漫的表情就能将人摧毁在无形之中。

暴走表情包深得暴漫的精髓，整个App界面十分简单粗暴，除“全部”与“收藏”外，并无其他细分。全部，即是暴漫的全部表情，每一期，通过精选集的方式进行推送，用户可以根据推送的内容选取自己喜欢的表情，即可发送到微信好友或者QQ、邮件、本地等。

一本正经地胡说八道，是微信聊天最基本的功能。别人说话，就发“你最丑，你不要讲话”；别人说的看似有道理，就发“哦，是吗”；别人说得言之凿凿，就发“年轻人啊，你的思想很危险啊”。如果有人在晒、秀或讲述某件事，可以说“叫我怎么和你做朋友”“我竟无图以对”，如果对方不服，“战斗力只有五的渣滓，来打我呀”“小朋友，我劝你放下手机写生字去”几张图一发，对方的战斗力基本为零。

现在，暴走表情包里的精选集已经有165个，每一个精选集的分享次数至少在20万次以上，而大白、热门的表情包分享次数维持在100多万次，金馆长熊猫、周杰伦表情包、成龙duang等网络爆红的表情至少有200万以上的分享次数。

屌丝们，你们的节操是有目共睹的，分享次数这么高的暴走表情包，你的选择不会错。

点评：无节操、秀下限、简单粗暴
适用人群：骨灰级人物专用

超级表情：小学生级产品 人人都是表情帝

这里的小学生并不是真的指小学生，对表情的使用停留在初级层面的用户也属小学生。与暴走表情包的无节操不同，超级表情的水准定位在聚合各种类型的爆笑表情。

超级表情App的表情特色是搞怪，不仅有阿狸、星爷、小破孩等的主题表情，祝福、生日、心情、道歉的日常表情，还有动漫、群聊专用、泡妞专用、股票、非主流等你想不到的分类表情，据说，这里的表情条数多达4万多条。

作为一款适合“小学生”等低年龄层次用户使用的App，超级表情界面很“人性化”，我的收藏、最近使用、我的表情等功能就在软件页面的最上方，直观明了。

用户还可以进行表情的DIY，点击首层菜单的制作表情，即进入自拍模式。点击拍照按钮，对着镜头搞怪，长达10秒的拍摄时间，你的表情将会分成20张的图片，选中满意的几张，点击“确认”即可得到有关自己的搞笑GIF动图。

点评：搞怪、搞笑
适用人群：“小学生”

萌表情：让PC端的动图导入微信

萌表情可以说是中和了暴走表情包和超级表情，如果你不想像暴走那么没节操，也不想像超级表情那样初级，那么可以试试萌表情。

萌表情中的“经典表情”可按照主角的不同进行分类，虽然只有14个分类，但是却涵盖了阿狸、悠嘻猴、金馆长、小破孩、蘑菇点点、奶瓶仔等热门表情。萌表情多为动图服务，如果你点开某一个分类，表情都是静态的话，点击一下即出现动态效果。

萌表情的核心卖点是第一款支持用户任意添加动态表情的插件，在PC端用safari打开表情网站，找到喜欢的表情，存储到本地，然后打开萌表情，点击相册导入页面的+号，选择刚才存储的表情，点击右侧发送，跳转到微信即可。

点评：包罗万象

适用人群：PC党

让你脑洞大开的App

周丝韵

《星际穿越》《超体》《盗梦空间》……一部部让人“脑洞大开”的电影，让人在费脑子的同时，也不知不觉收获了知识和震撼。在手机应用的时代里，也有这么一批让人“脑洞大开”的App，让你知道：原来手机也能翻转、敲手机还可以控制Mac、用声音还能传递文件……所有的这些给了我们一个又一个的欣喜瞬间，也一次又一次地为我们打开新世界的大门。

Cycloramic：跳舞吧，iPhone6

如果手机也能如华尔兹般优雅地自转，你会不会觉得逆天？这款名为Cycloramic的App，是一个能通过iPhone的震动功能让其“自转”360度的应用，为了旋转而旋转？No，它其实正在拍摄全景照片。

但问题来了，现在是iPhone 6的时代，圆边设计，它根本站不起来啊。好在聪明的设计团队找到了问题解决的办法。只要将手机架在iPhone 6的两脚充电器插头上面，就能让iPhone 6完成自转360度的高难度动作。由于是横向拍摄，只需要3秒就可以完成180度的拍摄，360度的全角度拍摄完成时间也不过6秒。

试想一下，在朋友聚会时，打开Cycloramic，把iPhone 6往桌上一放，手机便会自己转动起来，并拍摄周围的全景照片。此时，夹杂着惊讶与艳羡的目光必定会向你袭来！不过，新版Cycloramic不支持iPhone 6 Plus，也许是因为其太大，转不起来吧。

点评：

一定要带上充电器，不然iPhone 6可站不起来，更别谈旋转了。

点评：

莫让手机落到坏家伙的手里，虽然Knock采用的是2048RSA加密。

Knock：不见其人只见解锁

只要在iPhone手机上安装了Knock，“敲两下”手机屏幕就能远程锁住或解锁Mac。试想，当别人还在手动解锁Mac时，远程控制简直是帅毙了。

只要用户使用的是2011款Mac、新MacBook Air、2013款Mac mini及新iMac等机型，在iPhone中安装Knock，就可以在一定范围内通过低功耗蓝牙传感器对Mac进行解锁操作。即使用户的Mac设有密码也没关系，只要轻轻地敲击两下iPhone，甚至用户都不需要将iPhone从口袋中拿出。

虽然Knock是完全通过蓝牙将iPhone与Mac连接的一款应用，但它并不会过多地消耗iPhone的电池电量。对于那些每天都要解锁许多次的Mac用户来说，Knock这种解锁的方式既节约时间又潇洒。

Knock看上去是给既有iPhone又有Mac的土豪用户用的，因此在App Store中的价格为3.99美元。

Chirp：用“歌”传文件

把手机中的图片与朋友们分享，现在，有种新的方式，它可以用一首“歌”来让你和朋友们进行分享。

Chirp能让你轻松分享一张照片、一个链接、一个提醒，这都基于研发团队研究出的一个可辨别的独特音调。打开应用，点击主界面底部中间的“+”按钮，添加要发送的照片（也可以通过摄像头拍照、文本信息以及网址链接），将生成应用能识别的专属地址以及音频信息通过iPhone扬声器播放出来，安装了Chirp的好友打开该软件后，就会自动接收到你发送的这段音频信息，并从服务器上下载相应的文件，整个过程中你不需要登录就能完成图片、文本以及网址的发送与接收。

Chrip研发团队对软件使用的音频类型作过特殊优化处理，即使周围环境很嘈杂，软件也能较好地识别相应信息。日后，Chirp还将成为商家推送优惠券、产品促销信息等的重要途径。比如，人们可以在经过放着音乐的饭店时，收到饭店优惠信息的推送。

点评：

很适合情侣间、好友间的互传文件，若是双方无需打开应用软件就能完成文件的接收，就更加完美啦。

MagicPlan：人人都是设计师

许多人心中，都有个设计师的梦。但当不懂绘画的头脑遭遇了皮尺、铅笔、图纸时，你又一次明白：梦总归是梦。

MagicPlan被称为是懒人版Auto CAD（专业绘图软件），拿起手机就能测量并画出房间平面图。

利用手机摄像头将房屋的角落逐个做好标记，同时软件还支持标记门等特殊的位置，以便能更精准地算出房屋面积。环顾一周，花上两三分钟在房间里溜达一圈，一张简洁的室内平面图便诞生了。软件绘制出来的图形绝对专业，包括每一个位置的长宽都能标出来，这对于专业绘图人员也并不是那么轻松。

绘制完成后，还可以将平面图输出，并打印出来。如果你想装修房子或者购买家具，那么你就可以直接使用这款App测量出来的房屋尺寸。

点评：

相对于专业的CAD软件，MagicPlan绝对可称得上是一用即会的“小白级”。

管住熊孩子的暑假

孙 骋

暑假是孩子们最自由的时光，却也被上班族父母们担忧——孩子成天沉溺上网或玩电脑游戏，怎么办？对于儿童使用电脑的习惯，父母应该有一个正确的引导，而不是把电脑当作洪水猛兽，想方设法严禁孩子使用，那样只会引起叛逆心理。最好的办法是和孩子约定上网时间，或等父母下班后，在家人监护范围内用电脑，帮助孩子克服诱惑，养成自制力。按照以下方式操作，父母就可以安心上班啦。

上网时间倒计时

“金佛自动关机与电脑锁”是一个功能比较齐全的自动关机软件，7M大小，适用于Winxp/Vista、Win7/2000/2003等多种系统。家长可通过隐藏Windows用户、锁定电脑功能、禁用任务管理器等内置功能控制孩子上网时间，比如可以设置电脑使用时间，限制孩子玩游戏时间为30分钟，采用倒计时的方法，到点电脑即被锁定，需要输入Windows登录密码、软件锁定密码才可以解锁。这样即便孩子找到软件，打开任务管理器，也无法关闭软件、修改密码。

“金佛自动关机与电脑锁”还特别增加了专业事务管理功能，能够轻松处理各种事务提醒，如某天、每天、每年某月、每月某日、每周星期几、每年某月某日、某个时间段需要提醒要做的事务，彻底解决事务繁多、千头万绪的情况下，重要事务忘记完成的难堪局面。软件的背景图片可随时更换，也可通过软件查询公历、自动登录email。

下载地址：http://t.cn/RPhE5ge

“网爸”隐身管理

相较于“金佛自动关机与电脑锁”，“网爸”最大的优势是简单有效，它仅有20K，打开安装后，小小的对话看起来颇为朴实，没有背景画面，功能少而精。窗口排列着三个显示框、四个按钮，显示即时时间、关机时间、关机倒计时等信息，家长在系统设置中可设定登录密码，也可随时修改密码。修改密码时，需要输入原密码。此后，家长单击“隐身”按钮，软件便消失在桌面上，孩子丝毫不会发现“网爸”的存在。

“网爸”的开发者乐天贴心地在界面给用户留了一个栏目，详细介绍使用方法，此外还留下了自己的QQ号和邮箱，欢迎广大用户联络交流使用感想。乐天还管理着“有天技术论坛”，里面有不少原创软件可供免费下载，包括声称可以“去掉各大视频网站60秒广告”的软件、方便使用邮件群发系统的软件，以及投票系统插件，“网爸”俨然“网霸”。

下载地址：http://t.cn/RPhmtPQ

极客父母的妙招

如果觉得软件不给力，或者担心外来软件暗藏杀机，略有动手能力的父母可以自己给孩子单独创建一个新账户，例如“son”，此账户只能在规定时间内登录系统，而家长则用administrator（管理员）账户管控全局。

1. 设置家长管理员

在键盘上按快捷键“Windows+R”，出现“运行”，输入“gpedit.msc”，点击确定，弹出“组策略”窗口，找到以下路径：计算机配置—Windows设置—安全设置—本地策略—用户权利指派，双击“更改系统时间”，出现“更改系统时间属性”界面，点击“本地安全设置”，将其中用户全部删除，然后把administrator账户添加进去，点击确定。如此可以抹去其余administrator账户的权限，相对来说，使用的安全性更高。

2.给孩子设置一个账户

随意新建一个文本文档，将以下内容复制到文本文档中：

```
@echo off
```

set /p username=请输入你新建用户的名字：

set /p password=请输入新建用户的开机密码：

WWecho.

echo.

echo 你的%username%账户创建成功！

net localgroup administrators %username% /add >nul

echo.

echo.

echo 请点击任意键退出…

pause>nul

将以上内容保存为后缀为.bat的文件，双击打开，进入DOS界面，并出现“请输入你新建的用户名字”一行字，家长可给孩子设置新用户名，比如“son”，点击回车键，再输入新设置的开机密码，按回车键，新账户son创建成功。

3.设置孩子的使用时间

家长使用账户administrator登录电脑，同样新建一个文本文档，将以下内容复制到文本文档中：

@echo off

set /p username=请输入你的登录用户名：

set /p usertime=请输入电脑能使用的时间范围：

net user %username% /time:%usertime% >nul

pause >nu

文本文档保存时同样将扩展名改为.bat，双击打开，输入用户名son，点击回车键，输入电脑使用的时间范围。比如，要设定“从星期一到星期天，每天17点到20点可使用电脑”，那么代码为：“M-Su,17:00-20:00”。

点击回车键，再按任意键退出即可。这样，如果在设置时间以外打开电脑，孩子也无法使用。如何让电脑每天定时关机呢？极客父母们可将以下内容复制到文本文档中：

@echo off

set /p shutdate=请输入电脑关闭时间的日期：

set /p shuttime=请输入电脑将要关闭的具体时间：

at %shuttime% /every:%shutdate% shutdown -s -t 120

pause >nul

把扩展名改为.bat，保存，再双击打开，输入电脑关闭时间的日期：“M,T,W,Th,F,Sa,Su”，意为从周一到周日，点击回车键。由于前面设置允许电脑运行的时间是17:00−20:00,所以在这一步，输入电脑将要关闭的具体时间为“20:00”，设置好后，每周一到周日，都将会在20：00点关闭电脑。

所有的步骤都已完成，如果还是被您家的熊孩子破解了，那只能说明这娃是神童，好好栽培，也许是下一个乔布斯哦!

对待Cookie的三种态度

王 昕

Cookie（小甜饼）作为一个互联网名词，大热十年，然而你却依然不明其所以。接下来的话题与央视3·15晚会的曝光内容没有一丝关系，仅希望能帮助一些较初级读者完全搞明白Cookie的效用，以及我们到底该如何面对它？

Cookie就像会员俱乐部

先来举个例子，在一个动辄数十万元年费的高档会所，除了打高尔夫球和与达官贵人聊天之外，你还会有一个非常棒的尊贵体验——那就是，从你走进门时开始，几乎每个服务员都能叫出您的称呼，如“王总”、“李太”，当你坐到吧台前时，调酒师知道你最喜欢的酒，每当你的生日，会所还会不经意间送上一些惊喜……

Cookie也像是一个会员俱乐部。当你登录某个网站时，该网站会在你的电脑上建立一个文件夹，记录下你的上网习惯。从好处想，下次你再登录该网站时，对方会知道“王总，您又来了”；往坏处想，Cookie确实可能记录下你的邮箱和密码等信息，如果是不法网站，那么你的信息安全就要小心了。

所以，对Cookie的观点是见仁见智的，我们也可以将对待Cookie的态度分成三大派，没有对错，每个人都可以选择对号入座。

古墓派：禁用一切Cookie

浏览器禁用Cookie的方式大同

小异，以IE为例，点击“工具”菜单上的“Internet选项”，继续点击“隐私”选项卡，将滑块上移到更高的隐私级别，即“阻止所有的Cookie”，此时IE浏览器将阻止所有网站的Cookie，而且网站不能读取计算机上已有的Cookie。

如果你不想为每一个浏览器设置“禁止Cookie”，还有一个较高级的方法。点击“开始”菜单，单击“运行”，然后键入“”，打开“注册表编辑器”。依次展开“HKEY_LOCAL_MACHINE—SOFTWARE—Microsoft Windows Current Version—Internet Settings—Cache—Special Paths—Cookie”分支，右键单击“Cookie”，然后单击快捷菜单中的“删除”命令，当系统提示确认删除时，请单击“是”按钮。该方法能禁用甚至在内存中的Cookie，将你的电脑彻底保护起来。

点评：

安全系数高的同时，会影响上网体验，与现实互联网生活距离太远，除非必要，一般不推荐使用。

定期清理派：Cookie洗洗更健康

除了禁用Cookie，我们还得学会删除已留在电脑中的Cookie，特别是你在该网站输入过常用密码等之后，更该进行此项操作。

比如用FireFox时，依次点击工具—选项—隐私—删除私人Cookie—移除所有Cookie。或者是用360、鲁大师等电脑管理软件，它们都有隐私清除功能，目前最新360软件的“电脑清理”选项下，“清理电脑中的Cookie”即成为当红推荐功能，能清除多达数十种Cookie。

另外，还有如Remove My Cookies等国外的专业清除Cookie软件，功能强大，如果你不信任国产软件，可以用它来清除硬盘中的残留Cookie。

到国外的软件下载站比如download.com，然后用cookies、cleanup、remove等等作为关键词来搜索就能找到一大批可以用的清理软件。

点评：

推荐一般电脑用户使用，定期清理

自己的Cookie，保持电脑相对的安全、清洁和便捷。

门户大开派：合理使用依然很安全

所谓恶意Cookie，大多指的是第三方Cookie。原因是第三方Cookie更广泛被广告商使用，能够跨域监测网民的上网行为，并被大多人不信任。无需担心的是，如Safari、Firefox都默认关闭“第三方Cookie”，预计未来IE、Chrome等更多浏览器都将加入这个行列。

其实，第三方Cookie并没有想象中那么可怕，也称不上恶意，所以也有不少用户选择开启第三方Cookie，使自己的上网状态“门户大开”。

例如，在Chrome中，点击“设置”—“隐私设置”—“内容设置”后，即可选择“全开”各种Cookie服务。

点评：

对有一定电脑使用经验的用户来说，这样的用法依然很安全，只要能保证自己浏览网站的安全性就行。不过不推荐初级电脑用户采用。

电视还可以这么玩

郝俊慧

最近新闻出版广电总局的一纸禁令，让不少买了智能电视和智能机顶盒的玩家们心头一惊：盒子只能和广电牌照方合作播放其播控平台上的内容。广电总局的原意是想控制电视，使之不要成为互联网传播的主要渠道，可在如今这个多屏时代，想要做到这点有点难，比如以下几种多屏之间的无线连接方式，或是硬件方案，或是软件方案，操作都不难。

QQ浏览器：一步一世界

新升级过后的QQ浏览器，推出了一个新的功能“跨屏穿越”，其意在于，可以将网页在不同屏幕之间同步穿越，跨一步便是一个新世界。不过遗憾的是，测试发现，QQ浏览器TV版的此功能暂时还不可实现。

在发送和接受的设备上都安装最新版的QQ浏览器7.0以上版本，并使用同一个账号登录后，QQ会自动告诉你，有一个设备与你相连，此时只需点浏览器右上栏的“分享”按钮，即可将当前网页直接发送到接受设备上。

记者尝试用电脑给手机发送一张静态网页，几乎没有任何停顿，网页便出现在手机屏幕上。让人吃惊的是视频页面的传送同样迅速。当电影在手机网页端播放时，点击“菜单—跨屏穿越”，只听“叮”的一声，穿越便完成了，电脑页面上的QQ浏览器出现了同一部电影。根据测试，从手机端往电脑端推送页面时，原先手机视频中的广告会消失，如果路径相反的话，即便电脑端没有广告，手机端也会增加广告。

跨屏穿越的最大好处在于，使

不同屏幕之间的跨越摆脱了以往仅限于支持App的限制，任何网页都可以通过这种方式在多媒体间流转。但遗憾的是，视频穿越时，QQ浏览器还不能做到从中断处时续接，所以每次都要重新设置进度条。

登录不同设备有两种方式，一种是使用同一个账号登录，另一种则可扫描手机里的QQ浏览器里给出的二维码。

点评：

不能将网页推送到电视屏幕上是最大的缺憾。虽然现在的QQ浏览器（HD）版和QQ浏览器TV版同样声称有跨屏穿越的功能，但当这两个工具真正装入盒子使用后发现，操作十分不便。QQ浏览器TV版的二维码不能被识别，而QQ浏览器（HD）版本则根本点不到“登录”二字。

百度电视云：同步同世界

如今玩云计算的互联网公司越来越慷慨，不知不觉中，百度云（百度网盘）的空间已经被扩充至3T，如此大的容量，不好好利用才叫暴殄天物。如果想在电视大屏幕上看看照片和电影，基于百度云的百度电视云是个不错的软件。

在盒子里下载安装百度电视云App后，可以在“应用”一栏中找到它。打开App后，用自己的百度账号登录，百度云盘的内容便同步出现在电视屏幕上。如果提前在电脑上将一部电影上传至百度云，那么此时，便可以在电视上的“网盘视频”中点开这部电影，享受悠闲时刻。

如果百度网盘中有照片，也可以点击打开。现在动辄千万像素拍摄的照片，还是在电视大屏幕上看起来过瘾。

网盘视频的查看方式有列表和视频流两种。如果你想观看最近上传或分享的视频内容，视频流的查看方式应该是首选，因为这种查看方式的视频排序是从新到旧依次排列的，省去一个个文件夹打开查找，除了自己百度网盘中存储的内容，百度电视云中还有一些由百度提供的影视节目，但从目测来看，数量不是很多，有一些片源无法打开。

点评：

作为一个云的同步应用，百度电视云打开的速度太慢了。在测试中，一个遥控器命令要有数十秒的反应时长，等待时还要看着百度“小脚丫”不停地变换颜色，着实令人心焦。此外，识别文档的兼容性做得也不太好，记者上传了两段MP4的视频，百度电视云都没有成功打开。

净网行动后，这些网盘不能丢

李 栋

随着云计算概念的火爆，越来越多的互联网公司推出了“网盘”，容量也都是T级起。不过最近几轮净网行动，也给各大网盘（或称云盘）带来影响，不少网盘的分享功能也随之缩水。如何在合理使用的前提下，最大提高网盘利用率，以下这些网盘的使用技巧一定要知道。

电信运营商出品：自家宽带有神秘加成

Rayfile已死，纳米网盘“千古”，唯一剩下的115还在苟延残喘。自从百度、360出手，推出动辄几个T的免费空间后，国内许多独立网盘都陷入了泥沼之中。但凡事总有例外，三大电信运营商旗下的免费网盘一直坚挺至今，移动网盘、天翼云盘等都各有优势。

数年前，移动投入巨资在内部搭建“大云”平台，近期才对个人用户开放公有云，推出旗下的彩云网盘。从容量来看，彩云比不上任何一家互联网企业：初始容量只有32G，单个文件容量大小限制为2G，一个文件最多能够分享给20人使用。相比而言，电信推出的天翼云则成熟一些，现在搞优惠活动，下载天翼云的客户端并登录，便可以直接将容量升级至10T，这绝对是土豪做法。

不过，无论是电信还是移动，作为拥有自有IDC数据中心和宽带专线的电信运营商，在速度方面有天然优势。记者使用移动20M宽带，给彩云网盘中上传一个1.7G的照片压缩包，上传速度能够达到1.2M/s，转存了一个别人分享的780M电影，平均下载速度为2M／s，半个小时不到便完成下载任务。天翼云也给电信宽带用户开出了特殊通道，记者上传照片时，速度基本在4M以上，明显超出百度、360等慢吞吞的上传速度。

小攻略：

运营商旗下的公有云网盘，一般都使用自建的IDC数据中心，对本网络优化支持较好，但缺点是容量较小。如果上传一些日常使用的小文件，可以根据自家安装的宽带，选择移动／联通／电信的网盘。

BAT出品：百度网盘合理利用技巧

一直以来，百度网盘始终没有开放搜索功能。但利用几个简单字符就可以实现这一点：在百度搜索中输入site：baidu.com+空格+搜索内容，就可以搜出一堆符合关键词条件的资源。以非常冷门的音乐《喜马拉雅》为例，记者利用site搜索，居然找到了原声OST大碟并顺利下载。

另外，百度网盘的P2P下载、离线下载技术已经成熟，速度和稳定性已经和迅雷相仿，速度跟资源的热门程度有关，一般在1～5M左右。此前记者下载一个2G的数据库文件，仅用了半个小时就下载完毕。

重点介绍的是百度网盘的离线下载功能，当在公司上班或者是在图书馆等公开场所使用时，可以将喜欢的链接地址添加到百度网盘之中，它会在后台自动离线下载到百度服务器上，等回到家中后可以直接用客户端同步到本地文件中。

小攻略：

在使用site搜索时，要将自己资源名称改为合适的文件名，以便于搜索和抓取。同时，利用百度网盘的离线下载，不用花钱就能享受到迅雷会员般的服务。

奇虎出品：BT种子直接播放

网盘存储哪家大？还得奇虎360。

百度网盘推出2T容量后，360直接打出了免费360T空间。同时根据用户360卫士的使用等级，还能免费领取1～4T的永久网盘容量，不少用户直呼可以淘汰移动硬盘了。

与百度网盘不同的是，360提供了许多独特的功能，如在线文档处理、云点播等。前者对文字工作者非常实用，将Word、Pdf文件存储到360网盘之后，能够在线进行查看和修改。后者是比较奇特的功能，将BT种子文件的URL地址拖到360网盘客户端后，直接能够在线进行解析播放，这点与快播出人意料地相仿。

小攻略：

天下没有免费的午餐，360网盘的空间虽然很大，但使用起来却有种种限制，当用户上传文件容量超过200多GB后，它会提示文件数量已经超过限制，不可以再上传文件。同时，如果一个文件压缩包中的子文件过多，它会提示分享文件数量超过限制。比较重要的文件还是用移动硬盘吧。

不想泄密！那就给电脑文件上把锁

钱立富

最近各种泄密新闻搞得人人自危，斯诺登的“棱镜门”隔三差五便会出来提醒一下大家，你们生活在一个没有隐私的世界。一个透明的没有隐私的世界，其实是一个可怕的世界。所以不得不老生常谈，告诉大家一些简单保护个人资料和文件的方法。好办法其实不少，电脑自带的文件程序有加密功能，或者下载文件加密软件，再或者将文件进行“伪装”。

自带加密：其实Word不只会打字

Word是大家最熟悉的软件应用，但也是最陌生的。人们平时使用Word的主要功能是打字，殊不知它真的非常强大，比如加密功能，如果不是特别关注，很容易忽视掉。WPS也是这样，同样可以加密文件，而且用起来一点都不复杂。

以Word为例：

step 1. 进入Word菜单栏的“工具”中的“选项”；

step 2. 在弹出的“选项”中，选择“安全性”，然后在“打开文件时的密码”后面输入密码；

step 3. 单击确定按钮后会再次提示你确认密码，再次输入刚才的密码，然后“确定加密”即可成功。

如果想去掉密码可以重复上述的加密步骤，然后在弹出的“加密文档”对话框中将密码“留空”，然后“确定”，再保存该文档，密码就会被清除。

多能WinRAR：压缩加密一举两得

WinRAR大家也经常用，是一款强大的压缩文件管理器。其实，我们在用它压缩文件的同时，也可以对文档进行加密处理。

step 1. 先将文档拷到一个临时文件夹下，选中它们后，选择WinRAR→“添加到压缩包”命令，打开“压缩包名称和参数”设置对话框。

step 2. 在打开的“压缩包名称和参数”窗口中单击“高级”标签，然后单击“设置密码”按钮，并在打开的“带口令存档”窗口中输入密码，按下“确定”按钮返回“压缩包名称和参数 ”窗口，再次按下“确定”按钮后即可把所选文件加密起来

step 3. 最后删除掉临时文件夹下的加密文件，只留下加密后的RAR文件即可。

专业加密：一次搞定所有文件

现在网上有很多加密软件，功能基本差不多，这里介绍的是名为“私房文件夹加密”的软件，相对来说简单易用。

step 1. 进入华军软件园的下载页面（http://985.so/aS7v），这是国内较有名的软件下载网站。下载完后，按照提示进行安装。

step 2. 启动软件主界面，点击页面左下角的“加密文件”按钮，会弹出输入密码的对话框。在对话框中两次输入密码，然后点击确定，文件就被加密了。

有时候，我们需要加密的重要文件不止一个，如果使用以上方法的话有点繁琐，不如批量加密来的快速。在页面的右下角，有“批量加密”的按钮，操作方法与单个文件加密一样。

或者，将所需要加密的文件统统放在一个文件夹内，然后使用“文件夹加密”功能，操作方法基本如上：点击“加密文件夹”，然后选中所需要加密的文件夹，输入密码后点击确定即可。

伪装加密：就不告诉你我是谁

不想让其他人看到自己的某个文件夹，可以对其进行伪装。有专门的伪装软件，比如“文件伪装王”。但是此软件两三年前似乎就未有新版本出来，而且使用过程不是太方便。有的加密软件，如上文提到的“私房文件夹加密”，也有文件伪装功能。

step 1. 进入“私房文件加密软件”的主界面，点击“高级加密”选项。

step 2. 选择“伪装文件夹”功能，然后在对话框中选择需要进行伪装的文件夹。然后选择要伪装的目标，比如“我的电脑”“控制面板”“打印机”“网上邻居”等。

step 3. 输入密码，进行伪装。伪装后，你会看到，文件夹中的内容已“面目全非”。记者将一个文件夹伪装成“控制面板”，打开文件后，里面的文件名是诸如“管理系统声音”“更改显示设置”等等和控制面板里一样的内容，原先的文件名一个都不见了。

step 4. 点击页面上的“解除伪装”按钮，这需要输入之前设置的密码。解除后，文件夹就恢复了本来面目。

云笔记不应该只是“这样”

章蔚玮

如果你还在“记录、保存，传输”三段式地使用云笔记，那你就out了。电子笔记与传统笔记最本质的区别本就不应该仅仅在于介质，而是介质发生变化后所能带来的“创新”之乐。

享受绚丽笔记过程

厌倦了横条竖格的传统笔记？那就来体验一下时刻洋溢甜蜜感的棉花笔记吧。

这款来自韩国的奇妙云笔记，颠覆了以往云笔记以简洁、流畅至上的视觉体验，充分发挥各种想像，赋予整套云笔记多彩的绚丽感。

除了传统的笔记、便签功能，在这里，文件夹变身“五彩文件夹”，黄、橙、青、绿、粉、紫，每个文件夹都可以有属于自己的颜色，这个不仅仅是为了便于功能区分，光是看着就足够“养眼”。

如果五彩文件夹还不够看，那么赶紧试试主题商店，这实在是棉花云笔记最为独特的卖点。在这里，提供了几十套设计独特的主题，可以从内而外“包装”你的云笔记。主题按大类，可分为“简洁版”“可爱版”“淡淡忧伤版”，你既可以按心情选主题，也可以按不同风格来变幻主题。不过，大部分的主题都需要收费，价格从几元到几十元不等。当然，免费主题中也有不少“出色”的选择，但根据记者的体验，“套”了主题的笔记，通常运行速度会比之前稍稍慢。

棉花笔记还提供字体设置功能，不过选择相对较少，主要是根据韩文的字体设定。即便不设置具体字体，从界面到字体，整个系统也都充满浓郁的韩式可爱风。

和许多云笔记一样，棉花笔记也能支持多终端切换，手机、平板以及PC端，但从目前体验看，无论是界面还是色彩的运用，手机端运用都最为丰富。平板端目前还未推出主题商店。

下载地址：http://mianhuayun.cn

感受严谨科技力量

Evernote可以说是所有云笔记中最为经典的品牌之一。目前，云笔记中依然保留的功能都是由它开创出的雏形。因此，如果你是一个坚定的科技粉，那么不妨尝试一下Evernote依然在孜孜探索的创新功能。

“图形化文字识别技术”是Evernote至今都引以为傲的服务内容，这项识别技术的水平据称已经是世界第一。在一般情况下，用户要搜索内容，必须通过文本的关键字，但在Evernote的“图形化文字识别技术”中，用户已经可以根据图片上的文字作为关键字进行搜索，然后找到包含那张图片的笔记。不过目前，这项功能只有高级用户才能体验。

除此之外，其他功能也亮点多多。Evernote在安卓版上，推出了手写笔记，最大的特点是能将手写、录音、照片和文本统统保存在一条笔记里。你可以想象，在一张手绘图片上，同时配上一段语音说明将会是一件多么酷的事。

不过，手绘功能中提供的三种粗细的线条区别不是很大，用手指绘画还是需要一点专业技术。

Evernote的中文版是印象笔记，但是目前支持两个版本的同时下载。

下载地址：www.yinxiang.com

享受记事的“动感”趣味

天天记事的界面初看与麦库记事有几分相似，但在网友的评级中，天天记事显然更高。原因是天天记事丰富的记事手段更能让传统的笔记玩出花样。

在天天记事中，多样而有趣的多媒体记事手段是其最大的卖点。软件支持拍照录音，所以任何人都可以制作“有声照片”，边拍照片边录音，比传统笔记更富画面感，立体而生动。手绘记事功能中，用户可以用画笔、图形拼接原有的照片和文字，通过更富创意的手段来记录当下的心情，画面同时更富有情感。

“拼图”也很有创意，通过将不同照片组合的形式来记录某一天或某一段时间的心情、事项。目前，软件中提供三种拼图模式，同时，在原有图片基础上，还支持“动画制作”，支持Flash和GIF动画制作，让图片动起来。此外，所有“记事”，都可通过社交网、微博、邮件和消息等方式即时分享。

但目前天天笔记只支持安卓版和Windows，苹果商店内暂时无法找到相关下载。

下载地址：www.ttbiji.com

PPT这样做，我也是醉了

戚夜云

听说用PowerPoint的人既没有Power(力量)又没有Point(观点)，那么有Power和Point的人，会用什么展示自己的文档呢？答案是2009年上线的Prezi。Prezi的创始人觉得幻灯片限制了人们对idea的充分表达，于是创建了一种新的方式来解决问题。不过微软公司也没有闲着，出于对自家PPT的嫌弃和竞争对手的鄙视，微软决定重整旗鼓，于11月18日推出了Sway。至于演示文稿技术哪家强？谁能帮你升职更快？你用了才知道。

Prezi：炫到没朋友

用惯了PPT的小伙伴，初次使用Prezi都会激动地整晚睡不着觉。不同于PowerPoint的PPT是一张张静态页面串联要演示的内容，Prezi就像是一张塞满内容的超大号纸，而我们所看到的屏幕更像是电影镜头，镜头跟着你的思路走，需要画面的细节可以无限缩小，需要纵观全局也可以无限放大。这样一来，你的简报可以通过一些形象的图示来组织，然后再配上流畅的无痕切换，实现了由整体到局部的Mindmap（思维地图）开放性思维方式。这看起来就是一部个人订制的“演示视频”。

与PPT另一个不同是用户不仅可以离线编辑，还可以在Prezi网站上在线制作，而且多个用户可以在同一个Prezi文件里进行在线制作，并实时保存，这样有关“资料丢失”等问题根本不用担心。Prezi文件查看方式也十分便捷，除本地观看之外，也可以通过上传到服务器和嵌入网页在线观看。

在内容制作上，Prezi用户可以使用网站收集的模板和主题，也可以完全自主创作。采用故事板格式让演示者可以缩放图片，通过快捷的动画演示关键点。除上文所说的通过Zooming User Interface（放大缩小用户界面）实行缩放外，Prezi还可以任意嵌入你想展现的图片、视频和PDF 文件，甚至更多你想展现的其他内容。

点评：

总的来说，大部分人可以在一小时内学会基本操作Prezi，画面的连贯性与动画演示也会使文稿演示更富有吸引力。但画面太炫，有时会让观众容易头晕，而且在一些重要严肃的场合，Prezi也会显得有些花哨。

Prezi对中文的支持不算好，虽然已经支持简体中文，但字体库不丰富，每次打开都需要加载一次非自带字体，在配置不高的电脑上，打开比较缓慢（比如说校园电脑）。最关键的是，习惯用免费软件的小伙伴们，Prezi免费期只有一个月的事实，你们能接受吗？

Sway：整过容的PPT

当Prezi宣称已经有5000万用户、其中80%是财富500强公司用户的时候，微软的小心脏多少还是会抽搐几秒，不用猜，大部分都是从PPT用户转投的。2014年10月，微软宣布推出Sway，多少带有收复失地的心情，除了界面更加简洁时尚之外，在功能上，Sway和Prezi很像是双生的姐妹。

通过微软的视频展示，我们可以清晰地知道，不管是移动端、PC端还是网页在线都可以使用Sway。Sway跟Prezi一样，也像是一块巨大的动态画布，在这块画布上，点击小加号即可添加标题、正文，还可以插入视频、文档和网页，而这些插入的文件可以迅速通过网络共享到社交网络、云存储和其他设备上。同时，用户也可以根据Sway提供多种图片组合呈现方式进行排版，即使Sway在编辑，用户也可以随时查看最终效果。而在终端显示上，带有响应式设计的Sway能够自适应不同尺寸的屏幕以达到最佳显示效果。

点评：

总而言之，作为微软公司的PPT替代品，Sway使用起来似乎更小巧玲珑、得心应手，Win8Metro（磁贴）风格的Sway在界面上十分讨喜，页与页之间过渡特效跟Prezi一样流畅。但Sway还处在开发阶段，不仅开放的模板比较少，部分功能很可能无法使用，对于中文字体的支持也不够完美。

不怕“棱镜”国产PDF也能加密

杨鑫倢

PDF在业界被称为终极文档格式，一方面它可以表达非常多的信息，适用范围很广，但同时也是最复杂、安全性较高的文档格式，开发的技术门槛极高。

但是，作为一种“高大上”的文档格式，PDF对大家而言其实并不陌生。“业界老大”Adobe 和“国产新秀”Foxit（福昕）所推出的免费PDF阅读器相信大家都在使用，因为平时工作学习总有些PDF需要读取。

你可能有所不知，在国外，人们不仅读取PDF，还动手制作PDF，因为在商务公文、学术论文传输过程中，PDF相比可编辑的Office文档更安全，有利于版权保护。

对PDF进行创建、编辑、注释、加密、解密，也越来越多被国内企业用户和学生用户所接收。Adobe Acrobat和Foxit Phantom（福昕风腾PDF套件）则是前述两家厂商所推出的收费PDF企业级套件。

最近，《IT时报》记者拿到了一套完整的福昕风腾PDF套件，体验后发现，沿袭阅读器的优点，福昕风腾相比Adobe Acrobat，更小巧、快速、便宜，作为国产软件，也更安全。

PDF与其他格式互转很方便

网上曾经有人很喜欢分享诸如“PDF如何转WORD”的帖子，借此能领略到能人用各种工具大显神通的本领。使用福昕风腾PDF套件，可以一键将PDF文档转换成Microsoft Office文档、RTF、HTML、TEXT和图像文件，精确度更高，文字部分可直接转换成文字。

当然，对于专业用户来说，用得更多的可能是将其他文件转成安全加密的PDF文档，福昕风腾所支持转换的文件格式基本包括电脑中所有的格式，还可以将多个文件合并，转换成一个PDF文档。

编辑功能不比Office

软件所包含的编辑工具与Office基本功能相当，界面与Office 2013界面类似，包括变换字号和字体、段落居中居左居右、旋转缩放图片、添加页眉页脚页码等等，创建新PDF编辑基本没有难度。

但是要编辑已有的PDF文档则比较麻烦。若想修改PDF文档内容，需要点击工具栏的“文本和段落”“图片和对象”按钮来选择特定的需要编辑的对象，对其进行独立的编辑操作，比如鼠标点击某个段落后，再在该段落内修改文字，同时不影响段落的原版式。

对已有的PDF文档更多的操作是添加注释。你可以通过边框、圆圈、箭头等绘图工具，使批注更加形象清晰。

安全手段多样化

比如你可以将重要信息标记为“密文”，选择文本标记为密文，就可以使之不可见。

或者你可以设置密码保护、文档权限，一共3种加密算法供你挑选。你还可以对PDF文件进行证书保护，只有有此证书的用户才能打开你的PDF。

甚至，PDF文档接收者可以通过验证数字签名的状态来确定文档在应用签名后是否被他人修改。

身材苗条 价格低廉

最新版的福昕风腾PDF套件（6.1.4版本）文件大小是

427.06MB，而Adobe Acrobat XI Pro的安装包大小为527MB。两者在专业级上的占用系统空间依然相差很大，当然没有通用免费版之间那么悬殊，这也是可以理解的，毕竟这是一个几乎堪称整体解决方案的系统级产品。

Acrobat XI Pro完整版的价格是2983元，而福昕风腾则是1000多元。两者皆支持最新的Windows 8.1系统，Acrobat还支持Mac系统。

下载地址：http://t.cn/RvXKIdo

电脑手机备份齐步走

郝俊慧

世界上永远没有一款十全十美产品，即便是苹果，每次发新品也总是被各种吐槽包围。因此面对在不同设备、用户之间同步文件这样一个看似简单的问题，却很难有一款产品完全满足所有需求。这次《IT时报》记者挖掘了两种同步文件方法，各位按需而取吧。

BitTorrent Sync：超大文件全靠它

虽然现在各家互联网云盘给出的空间越来越大，动辄几T，可在龟速一样的上传速度面前，这些都是浮云。记者曾给某个云盘上传文件，却被各种限制：休眠状态不传、超过3000张照片不传、超过4G不传、网速永远在每秒几十K……想用云盘存储照片的计划就此破产。因此，大容量文件想要做异地备份，一定要用BT神器：BitTorrent Sync。

源自BitTorrent公司的文件同步软件最大的特点是没有中间服务器，也就是没有所谓的网盘。它其实利用的还是BT的P2P技术，采用点对点文件共享的方式来实现文件传输。也就是说，你不必再像好莱坞女星那样担心iCloud会不会被黑客攻破，你所需做的事情很简单，共享本地电脑里的某个文件夹，并将链接发给特定的人。

和刚发布时每次分享都要生成密钥不同，新版的BitTorrent Sync操作更为简单，下载安装后打开，点击“add folder”，便可以将本机里的文件夹添加进目录。每个文件夹后有一个“share”按钮，点击后，可以选择将分享链接发邮件给特定的朋友，或者是直接拷贝成文本，发送到某个特定的群。收到这个链接的人只需在自己电脑上也下载一个BitTorrent Sync，点击链接，便可下载。当然，这种办法也适用于一个人在两台不同电脑之间进行备份。

提醒：

BitTorrent Sync的原理是BT，提出分享的电脑如同种子，需要时刻在线，所以在进行远端备份时，原电脑切勿关机。

下载地址：http://bittorrent.com

金山快盘：多终端同步同一内容

国内同步云盘的鼻祖Dropbox现在基本上不能用了，原因你懂的，比较好的国产替代软件，推荐金山快盘，它不仅可以将文件在不同电脑之间同步共享，而且新开发的手机App和微信公众账号，在传送文件方面，花样不少。

金山快盘安装后，会在“我的电脑”中自动形成一个虚拟盘，就叫“快盘”。如果你习惯于在家里工作，不妨将每天的工作成果都放在“快盘”中，它会自动将所有内容上传至快盘服务器。当然，办公室的电脑也要下载同样的软件，每次用同一个账号联网后，自动同步云端文件夹，一旦它发现有新的内容，便会下载到本地。同样，在办公室改动的内容也会同步到家里的电脑上。

记者比较喜欢的是快盘的多终端同步功能。有时候手机拍的照片，直接发送给“快盘”的微信公众号，便会直接保存至快盘的云端和电脑上。或者手机版的金山快盘，可以选择WiFi快传，一个局域网内的手机和电脑，彼此之间可以秒传文件。

提醒：

快盘默认的容量很小，只有2G，和百度的2T比起来，小巫见大巫。但现在只要绑定快盘的公众号和下载移动端并登录，空间可以免费扩充至1T。上传速度受限于网络带宽，大容量的视频分享不推荐。

下载地址：www.kuaipan.cn

所有密码一键记忆

郝俊慧

随着各种各样的服务互联网化，人们需要记忆的密码也越来越多，以前邮箱密码丢失，损失的不过是邮箱里的个人隐私，现在则可能是支付宝、京东等一系列“钱袋子”。为了防止黑客将自己的账号密码一锅端，许多人不得不针对不同网站设置不同的密码，可新的问题是，这么多密码你真记得住吗？写在本子上？算了吧，这本子你得藏哪啊；用浏览器插件？万一浏览器被黑了呢？有些公司你还真不放心它是否会监守自盗。

试试1Password吧，它算是当下最好用的密码管理软件了，所有账号密码经过高强度的加密后保存在你的电脑本地硬盘，基本上不必担心密码库在网上被人窃取或破解。第一次运行1Password时，系统会提示你“New Data File（新建数据文件）”，这是最重要的时刻，这个数据文件就是你以后所有账号密码的存储文件，所以它的密码一定要足够复杂，而且一定要适合自己记忆。

设置好密码后，进入偏好设置界面，点击Browsers（浏览器）后，点击Install Extensions，之后会自动跳转到1Password的插件安装页面上，选择你电脑里常用的浏览器，IE、Google Chrome和Firefox等等，确定后再次打开这些浏览器，会发现在浏览器地址栏右侧多了“一把小钥匙”，这意味着1Password插件安装成功了。以后用此浏览器第一次登录各类网站时，系统会自动询问，是否要将密码存储于1Password中，点击确认即可。下次再次登录时，只需点击这把“小钥匙”，输入1Password的密码，原账号密码便会自动填充进去，无需重复记忆。所有需账号密码登录的网站操作一遍后，最后只需记住1Password一个密码即可。

为了让使用者记忆方便，1Password还预置了一些类别，你可以将需管理的账号密码分为

Logins (网页登录信息)、Identities (身份信息)、Secure Notes (安全备注笔记)、Software Licenses (软件许可注册码)、Wallet (银行账户)、Accounts(各种账户如FTP、iTunes)等等。

最有用的是，1Password可以跨平台使用，支持 Windows、Mac、iOS、Android 等主流操作系统，但每个版本都要单独购买授权，价格不便宜，支持Windows的 5个用户版本需要69.99美元，但可以下载30天的免费试用版本体验一番。好消息是iOS 新版本已经支持中文，且目前在限免中，但只有升级了iOS8之后才能使用，iPhone中没有空间的“屌丝们”只能望而兴叹。

下载地址：https://agilebits.com/store

“BT下载靠后站，让我上网先！”

郝俊慧

每天下班后，办公室的网速便突然下降了，不用说，肯定有人在偷偷用BT下载，找出那个下载的家伙，估计是不可能的，但有了这个软件，起码可以让自已的网速不受影响。cFosSpeed是一家德国公司出品的提速软件，它虽然不能增加上网的固定带宽，但可以让局域网内的所有人能将带宽充足使用，而且可以自动决定哪些流量必须优先传输，从而保证上网浏览的优先级高于BT下载。

cFosSpeed是个良心软件，只有5M，绝对不多占空间。安装之后，屏幕右下角会出现一个小飞机样的Logo，它会自动显示，目前局域网中有多少个程序正在同时上网，本机的上传和下载速率是多少。最理想状态，是每台电脑都安装cFosSpeed，这样软件可以协同整个局域网的上网流量，如果不能做到这点，为了保证自己电脑使用的优先级，需要在cFosSpeed—选项—设置—首选项—当前链接设置中，勾选“非协同”选项。

设置好后，首先要校准线路，也就是让cFosSpeed了解你所处的网络环境，右击托盘图标—流量调整—线路校准，然后使用下载工具进行超过30分钟的满速下载即可。

接下来就可以设置哪些程序被赋予高优先级了。在和上文同样的路径中，点击“程序”，cFosSpeed将许多PC程序按照不同功能分为6类，并默认了它们的优先度，你可以拖动黄色区域的滑块来自定义每一个程序的网络优先度，比如你可以把“迅雷(共享)”的优先度设为“最低”，然后再设置“CS(游戏)”为“最高”，这样就不用担心迅雷下载的同时打游戏会卡了。如果添加cFosSpeed中没有的程序时，在适当的分类下点击“新程序”，然后在弹出的窗口定位程序的路径和它的优先度，并点击“添加”。

cFosSpeed虽然是个德国软件，

但对中国用户却非常友好，官网提供中文说明，软件也可选择中文界面，免费试用期30天，中国大陆用户购买可享受特惠价22.9元，支持VISA信用卡和支付宝。

下载地址：https://www.cfos.de

谁说抠图只能PS

潘少颖

每次抠图，总是那么地痛不欲生，因为要研究很长时间，而且每次研究完之后就会忘记，有些抠图软件太复杂了，每次用的时候纯粹凭感觉。

如果你不太熟悉绘图工具，或者不想花时间研究这些技能，可以试试Clipping Magic，这是一个专门抠图的网站，有点像傻瓜式的操作，用不同颜色代表保留的部分和抠掉的部分，非常适合小白。一张图用不了多长时间就抠好了。

打开http://clippingmagic.com后，首先点击“Choose File”按钮，选择要抠的照片并上传，在等待上传期间，网站会出现提示，涂抹绿色的标记表示要保留下来的部分，涂抹红色的标记表示要抠掉的部分，在工具栏中有切换绿色和红色的工具。在选择保留部分的时候，只要用绿色标记勾画所保留部分的轮廓就可以了。同样，在用红色标记选择抠掉部分时，也只要勾出轮廓。如果所要抠出的部分是一个整体，那么要抠完就是分分钟的事了，和使用其他工具抠图简直是天壤之别。

在原图上进行操作的时候，右边会出现一张对比图，每操作一步，对比图上就会显示出这步完成后会出现的效果，如果觉得不好，可以撤销重新来过。

还有一个小窍门，对于一些细小的、需要精细化操作的地方，可以在工具栏中选择“缩放”功能，更方便操作。

抠图完成后，点击下载按钮即可获得最终的抠图。但是现在Clipping Magic实行了收费政策，需要成为会员才能够获得点数，消耗点数才能够下载。因此，如果是非会员的话，在抠图结束之后，可以在处理好的图片上面右键点击，选择保存图片，但会有一个边框。

怎么样？Clipping Magic抠图是不是很简单也很快速，但Clipping

Magic抠图虽然很快速，精度却还是没有Photoshop高，尤其是在细毛、发丝的处理上，Clipping Magic的抠图效果很难令人满意。不过对于线条比较简单的图片来说，Clipping Magic已够用。

官网：http://clippingmagic.com/

浏览器中的无印良品：神马

李栋

在日本的美学设计里，侘寂是一个非常重要的概念，这种以简约、质朴、自然为代表的风格，充斥在生活和工作的各个角落，像以简约著称的无印良品走的就是这种路线。在日本科技圈，也有充满侘寂风格的浏览器——Sleipnir，Sleipnir不仅在日本本土市场占有率达到第一，同时在日本用户眼中也是堪称世界第一的浏览器。

在北欧神话中，Sleipnir是诸神之王奥丁的坐骑，而开发方东京Fenrir公司为它起了个中文名字“神马”,软件图标也是采用了国际象棋中的马头标识。千万别误会，此“神马”和UC与360推出的“神马搜索”没有“神马（什么）关系”。

“神马”命名的出处来自它可以用可视化标签多窗口浏览的特色———在打开某个网页后，神马浏览器会在标签栏中间显示一个非常小的方块缩略图，可随时点击图标进行切换，这种独特的设计风格非常便于阅读。从整体风格来说，神马浏览器类似于Mac系统中苹果自带的浏览器，采用灰白色格调设计，界面上方是一个非常简约的标签栏，左侧窗口是前进、后退等选项，中间是可视化标签页栏，右侧是小框体式地址栏。

有趣的是，神马浏览器宣布同时支持IE和FireFox内核，但在实际体验中，它对Chrome的兼容性更胜一筹。在安装的过程中，程序会自动提示将电脑中浏览器的标签、书签、历史记录等导入，但在检测到Chrome浏览器时，它能够将网页扩展等应用程序一并导入。同时，它支持安装Chrome商店中的其他扩展应用，也可以做到无缝化同步，在登录一个账户后，能够在电脑、平板、手机等不同客户端，同步看到所有浏览记录和书签，这点对习惯使用Chrome浏览器的用户来说非常方便。

点评：

实际使用下来，神马浏览器在Win8环境下兼容性不太好，在用系统自带输入法输入网址时，浏览器会自动关闭，目前只有通过切换至英文输入，或者更换至其他第三方输入法才可解决。

官网: www.fenrir-inc.com

智能AA记账 于“数学灾难”中解救你

章蔚玮

同事集体外出午餐、团队自助出游、小组外出工作，一谈到垫付、AA，很多人就会头大，临时“会计”不好当，人数越多，时间越长，工程也就越浩大。面对一堆数字剪不清理还乱的童鞋们，月末简直就是意味着灾难。

可以拯救这场灾难的救星来了——QQ应用中心下的AA制记账本。这个智能记账本专门针对长时间、多项目AA记账。

比如Coco每天要和五六个同事一起出去午餐，时间一长，大家就形成不成文的规定，每天轮流埋单，月底总结账，Coco说到了月底只要一拉AA制记账本，谁该付钱，谁该收钱，一目了然，完全不费力。

AA制记账看似流程复杂，其实只要做好这样几步就可以了。第一步，“创建团队”，定名，并设置结算周期——比如“Coco小分队”；第二步，进入“我的团队”，预设成员名字A、B、C、D；第三步，进入“费用中心”——“添加AA费用”，随时记录团队中每人每次在团队消费中支付的金额，比如8月1日，A垫付120元；8月10日，B垫付160元；第四步，进入“结算中心”——“申请结算”，手动输入需要结算账目的起末时间，比如8月1日到8月15日，直接点击“预览结果”，就能清晰展现团队中每个人收支情况：A 为50元，B为90元，C 为70元等等。

最后的结算可以分为“手动”和“自动”两种。手动，即可进入“结算中心”，随时查看每个人当下的“计费分摊情况”；“自动”，即在创建团队时预设结算周期，以及提醒时间。系统会自动提醒你查看报表。除了月底总结算情况外，每一次的AA分摊情况，也可分别查看，便于核实查账。

团队中的每个成员可以通过注册登录页面，也可直接由创建者发送邮件的形式，查看团队中的每一次收支情况；或者通过这个记账“小秘”，顺便把自己的个人账目也好好整理一下。

重复文件“皆可杀”

潘少颖

电脑用得多了，对电脑的硬盘空间要求越来越高，但有时候，硬盘会被一些不必要的文件所侵占，比如下载了一些文件，却忘记了保存路径，于是乎只能重新下载一遍，而之前的文件就被永久地封存在电脑里，如果没有“皆杀”，或许这些文件永远不会重见天日。

“皆杀”是一款用于硬盘整理的文件，主要搜索电脑里是否有重复文件，以方便删除，腾出硬盘空间。“皆杀”的界面非常简单，只要勾选出需要搜索的磁盘，点击“搜索”，剩下的事就交给它吧。

理论上来说，查找重复文件就是查找不在同一文件夹下的同名文件。“皆杀”除了查找不同文件夹下的同名文件之外，还会查找相同大小的文件，因为在重复下载一个文件时，可能文件名会被改掉，但内容还是一样的。在这点上，“皆杀”考虑得比较周到。

搜索结束之后，如果发现有重复文件，“皆杀”会显示一个列表，包括文件名、文件大小和路径，随后就可以直接删除。“皆杀”正在工作的时候，其界面上有一个图标“打开已有数据库”，这个图标的作用是可以马上看到已经搜索出来的重复文件，并不需要等到查找结束。在搜索结果的列表中，也有一个“刷新”的按钮，可以随时刷新搜索结果。

下载地址：http://t.cn/RvNQsZ0

学长呕心之作：如何解决论文技术问题

孙 妍

经历了“论文潮”和“答辩潮”的毕业生们就要告别象牙塔，彻底成为职场新人了。在走之前，对于即将升入大四的学弟学妹们，学长们最能言传身教的便是，如何写毕业论文。总体而言，大部分论文都不需要非常专业的排版，不需要技术性的实验操作，但所有学术论文都逃不过下面这些技术性问题，吸收经验之谈不失为事半功倍之举。

如何跨境搜索资料

在论文选题确定之前，该做的动作是搜索资料。若研究范围在国内，基本上知网、万方、维普等数据库便可以满足需求。若研究范围延伸到中国港澳台地区或国外，那么资料的搜索便成了一大难题。

首先可以在学校图书馆的免费数据库内搜索，为便于学术研究，大部分高校都会购买境外的数据库。

再者求助互联网。中国台湾地区的硕博士论文知识加值系统是个不错的参考资料数据库，类似于中国大陆地区的知网，但出于对知识产权的保护，作者可选择是否公开全部论文内容，也会涉及到权限问题，只有部分论文能下载。

比较便于利用的有两个数据库，第一个是政大机构典藏，收录台湾政治大学的各式研究，包括期刊、会议论文和研究报告等，一般都提供免费下载；第二个是华艺线上，是近年来做得比较好的中国台湾数据库，收录最新的研究论文，很多较新鲜的研究课题都可以在华艺线上找到相似的研究论文，近年来也在进军中国大陆地区学术市场，不过需要付费下载，而且价格不菲。

中国台湾地区在政务公开方面做得还不错，所以，各种政策文件、法案及统计数据基本可以在官网上找到。

如何自动生成目录

在写作几万字的学术论文时，目录可以作为索引方便查看论文，但如何设置论文目录成了摆在新手们面前的一个普遍问题。在自动生成目录方面，国产的WPS显然比微软的Word更便于操作。

首先，在WPS文字中打开论文文档，在菜单栏找到“引用”，先熟悉一下“目录级别”，然后到文章中依次选中标题，将标题分别改为一级标题、二级标题……依次类推便可。

再者，将全篇都设置完后，回到目录页，就是将光标移到即将要生成目录的那一页，点击左上角“插入目录”即可自动生成目录了。

最后，论文免不了修改，如果标题需要改变，只要将修改后的标题选中后定级，然后点击“更新目录”即可。

在排版方面，Word一般就可以满足文科的论文，解决了目录、注释和页码的设置，便不会有太大问题。但理科的论文涉及很多公式和图表，可以在网上寻找评价较高的软件来进行排版。

如何几秒搞定参考文献的复杂格式

利用谷歌学术搜索，分三步可搞定参考文献的复杂格式，一般适用于参考期刊论文、学术报告或书籍时使用，网络资料和报纸新闻仍需按照著录规格来规范格式。第一步，在谷歌学术搜索输入参考论文或书籍的题目；第二步，找到正确的参考论文题目，点开最下方菜单栏中的“引用”，便会出现三种不同的参考文献格式，一般国内的论文都要求采用GB/T格式，具体看论文参考文献的著录规格；第三步，复制、粘贴、修改字体和字号。

如何在知网检测前做好万全准备

出于对工具理性的怀疑，最惊心动魄的环节，想必就是将论文上传知网检测重复率。知网检测是为了检查论文是否有抄袭，即在论文中引用了他人已发表论文中的观点，却没有标注出参考资料的来源。

这几年高校的毕业论文都设置了知网检测重复率这个环节，一般超过20%至30%，便不可以参加答辩。

“身正不怕影子斜”，一定要将自己文中引用的观点标注出来，一般在右上角用中括号标注数字，在文末标注参考文献来源。如果对知网检测的原理和原则存在怀疑，可以在上传知网检测前，将论文上传到专业网站上检测是否有抄袭或引用不当。不过这存在一定危险性，就是你的原创论文可能面临泄露的危险。而且由于每个网站或软件比对的数据库不一样，所以检测结果不太具有参考价值。

邮箱变身网络硬盘

章蔚玮

根据《电子邮箱调查报告》显示，国内受访者每周不低于1次打开邮箱的用户比例高达83%，其中有28%的用户每天都使用，电子邮箱俨然成为网民最为重要的应用工具。如此高频率被使用的上网工具，如果只是用来收发邮件，会不会有些浪费？这里介绍一种常用邮箱的新功能。

自从谷歌Gmail邮箱率先推出G邮箱以后，邮箱的容量越来越大。网易邮箱似乎更是忘记了这一回事，没有了容量限制。随着邮箱容量的增大，有时候邮箱扮演的角色更像是“微”网盘，可用于移动并暂时存储文件和文档。不过很多时候，要想在一大堆邮件中找到特定的那一封，还是蛮困难的，所以一定要学会用“标签”和“定时”功能，从而做到归档归类。

具体操作有点像分组，点击邮件标题，给邮件制定标签，比如“工作”“生活”“学习”，系统会选用不同颜色标签进行区分，一目了然，查找方便。如果是需要在固定时间内办理的事件，还可以定时，邮箱会通过短信提醒你处理时间。

或者直接在应用中心里安装“网易网盘”，给邮箱再外挂一个“云硬盘”，一些需要移动携带的文件不妨存放在这里，可以上传不超过50MB的任意格式文件。不过网盘的容量并不大，一开始默认提供的免费容量只有1GB，如果想容量升级，有两种方式，一种是临时申请，普通用户享有2G存储空间和15天的文件保存时间，当然，手机安装易信并登录，可以升级至15G，或者也可以用网易邮箱积分申请扩容，800积分可以兑换2G。

同时推荐另一个好用的邮箱是189邮箱，它直接和网络硬盘“天翼云”绑定，可以直接从邮箱中登录。和网易的“小气”相比，天翼云显然大方多了。默认便是30GB的空间，扫描二维码下载天翼云的App

客户端后，空间立马上升至10T，也即10240GB。如果是电信用户，上传照片或者视频的速率要高于普通网站，基本可达4M以上，这可是专属福利，千万别放过。

FastStone Capture不只会截图

林 斐

记者用过十几款截图工具，兜兜转转，最后还是觉得FastStone Capture最好用。再仔细研究一下，记者发现，这款只有2MB左右大小的软件，其实很不简单，有很多事情它也能完成。

■屏幕录像——在FastStone Capture面板上有一个“胶卷”按钮，其实是屏幕录像机，可以选择录制区域是窗口还是整个屏幕等等，选择完毕后，接下来所有屏幕的操作都会被录下来。Ctrl+F11为暂停/继续录制，录制的视频格式为AVI格式。

■屏幕取色器——对于美工设计人员来说，取色器是必不可少的工具，Photoshop等自带有。不过只是要获得颜色参数，完全可以用FastStone Capture来完成，它的取色器可以输出RGB颜色数值、十进制和十六进制数值。

■屏幕放大镜——如果要看清楚图片的细节，在FastStone Capture运行的情况下，按事先设置的快捷键，可以快速打开放大镜，双击后就可以快速放大光标所在位置的图像，用鼠标拖曳查看细节，再次双击就可以退出放大镜。

■屏幕标尺——在处理像素级图像时，一把好用的屏幕尺必不可少，FastStone Capture提供的屏幕标尺非常强悍，可以横或竖放置，支持屏幕上任意两点距离的测量，支持像素、厘米、英寸单位显示，支持图像局部的放大测量，支持标尺颜色和透明度设置。

■转换图片为PDF文件——记者本人就经常有需求，将图片转换成PDF文件，以往都是专门找软件来处理的，结果FastStone Capture本身居然自带该功能，只要将图片拖拽到转换器上，点击转换为PDF文件即可。

下载地址：goo.gl/CDA1zK

提高办公效率有这些就够了

孙 妍

每天高速运转的办公节奏，要想提高团队的工作效率，最好能有一些工具来帮助我们：它最好能同时承载QQ的即时通讯，邮件的反馈和云盘的资料共享等功能；它最好能通过建立“圈子”，实现多人、多平台、多文档的办公协作；它最好还能办公休闲一举两得，让时间利用最大化。老实说，这些需求涉及方方面面，很少有一款办公管理产品能够同时满足，因此以下这几个软件电脑里都不可少。

个人日志：自动生成，周报不用愁

周报似乎是大部分公司每周例会上必不可少的前奏，而做周报着实是一项耗时费力的工作，等到一周结束再回顾工作时也难免会忘东忘西，要想把繁琐的周报写好也是需要技巧的。

那么有没有工具可以帮助自动生成工作日志呢？答案就是日事清。

每天开始工作前打开：日事清，便会出现“重要且紧急”“重要但不紧急”“紧急但不重要”“不重要不紧急”四个象限，把一天的工作日程编辑归类好后，就可以根据轻重缓急依次有序地开始工作了。当你完成一项日程并勾选后，便可以在自动生成的工作日志中显示什么时间完成了这项工作，今天未完成的工作也会在编辑页面的右侧显示，便于复制到“明日任务”之下。自动生成的工作日志主要分成今日完成、明日任务和心得体会三部分，同时可以添加附件来提示查看相关资料。

解决了个人周报问题后，还要

考虑团队协作的问题。在项目团队里，如果成员没有积极主动地跟进汇报，常常会不清楚自己的任务是什么？下一步我应该做什么？负责人也需要通过一次次开会碰头来了解每个人的工作进展。

现在，日事清支持团队看板和任务下发跟踪。通过通讯录可以管理和添加同事，创建新的群组后就可以将相应的项目成员拉进群组里。进入一个群组后就可以看到该项目组的工作进展，俗称"看板"。负责人可以新建任务卡片，并将任务下发到具体的负责人，下发后就会给对方手机上发送短信，并提醒任务接收人主动反馈。每个人可以在每条任务前打勾以示完成，这样负责人就可以随时跟踪工作进展并下发新任务了。

以前要么开会写白板告知，要么一封封发工作邮件落实每个人的任务，现在一步编辑就可以传达，终于可以跟办公室白板说再见了。

点评：

日事清最能"集赞"的功能便是自动生成工作日志，但是，它虽然支持任务点评，但少了即时讨论区，不能支持头脑风暴着实是其弱点。

下载地址：www.rishiqing.com

团队协作：资料共享，工作邮件靠边站

云盘共享有空间限制，邮件发送又怕遗落共享资料怎么办？

Worktile将工作邮件连入平台，而且它本身也具有云盘的功能，可以共享Word、PPT、Excel、PDF、txt等多种格式的文件，并且支持在线编辑文档。而且，Worktile也加强了数据安全管理，每周都会由安全工程师顾问进行安全检测。

跟日事清较为相似的是，Worktile也可以分项目跟进任务，在"发现"里可以即时查看"分配给我的""我创建的"以及"我关注的任务"。在"工作台"可以清楚地看到有几项"待完成任务"，右侧可以一览今天的日程。你也可以随时将紧急的新任务拖曳到日程中。

相比较而言，Worktile的可视化做得比日事清好，除了日程用日历的模式直观地呈现外，它还有强大的简报功能，根据任务的完成情况自动生成图表，用图表的形式来呈现项目进度。

它还支持发起话题，将一个具体的问题抛出，所有成员都可以看到并发表自己的看法，这一项功能

是日事清所缺乏的。

点评：

Worktile现已推出了移动客户端，支持安卓和iOS版本，随时随地都可以接收处理任务。它将云盘、邮件、QQ等多个工具融合在一个工作台，以前需要花大量时间整理消化工作邮件，现在只要上Worktile就可以知晓所有任务。

下载地址：worktile.com

独立工作：听“白噪音”不闻窗外事

在拥挤的大城市里办公，随时都可能受到周遭各种噪音的影响，不能专心工作。还有很多人遭受着失眠的痛苦，也许是工作压力过大导致的神经敏感，也许是楼下施工队起早贪黑的打扰。于是，我们就坠入了一个晚上睡不好觉、白天做不好事的恶性循环。

我们开始寻找一个方子让我们屏蔽周遭的噪音，最近开始流行一个“以毒攻毒”的方子，就是以噪音治噪音，这种神奇的频率统称“白噪音”。

什么是白噪声？

电视机没有信号时屏幕会出现雪花，并伴有沙沙的声音，这就是一种白噪音。当你需要专心工作，却一再被周遭繁杂的声音打扰时，可以利用白噪声来屏蔽其他声音，它可以防止分心，帮助睡眠等。

需要营造工作环境的可以听听Coffitivity，它有网页版、OS X、iPhone、iPad四个版本，模拟了咖啡馆、图书馆等场景，有说话声、走路声和吃东西的声音，虽然听起来差不多，但代入感还蛮强的。iOS版本还支持在播放白噪声的同时播放本地音乐，通过右侧的竖条控制两种声音的占比，如此就可以随时置身咖啡馆了，还能播放自己喜欢的音乐。

有失眠困扰的可以听听Sound To Sleep To，这是一个提供白噪声的背景网站，有雨声、鸟鸣、蟋蟀叫、海浪声、营火声和风声六种白噪音，可以单独播放，也可以混合播放，比如你可以混合海浪、营火和风声，制造一种在沙滩露营的气氛。

点评：

每个人对于白噪音的需求是千差万别的，有人觉得自然界的雨声鸟鸣可以抚慰人心，有人觉得嘈杂的人声中可以寻找到躲避之处，所以最重要的是找到适合自己的白噪声。另外，助眠的白噪音比较适合装在移动端，且最好有定时功能。

下载地址：www.coffitivity.com，www.soundstosleepto.com

邮件人生：每天写封信给自己

郝俊慧

10月4日，一款默默为文青们服务了四年的邮件日记ohlife（哦，生活！）关闭了，豆瓣上哀嚎一片。诞生于2010年的ohlife，是一款通过发送邮件来写日记的在线服务，它每天会给你发一封邮件，问你："今天说点啥呢？"只要回复邮件即相当于写一篇日记，没什么话说时，亦可以邮件附件的形式上传一张照片，记录当下。可惜，因为应用太过小众，四年盈利无望，只好关门大吉了。对于喜欢这种简洁生活的文青来说，有没有什么可以替代的产品呢？不妨试试下面这两种。

Dailydiary：每天问自己一个问题

有的人习惯将每天的工作做一个完整的记录，有的人喜欢记录自己每天的心情，有的人喜欢记录自己不同时刻的成长，Dailydiary（日记）也是一个可以通过邮件主动提醒你记录的网站，不同于ohlife，你可以自己设置问题，比如："今天心情怎样？"同时也可以设置每天邮件发送的时间，比如分别在早上、中午、晚上发三封邮件，询问三个不同的问题，以保证每天的点点滴滴都不会忘却。如果懒得自己设置，也可以选择网站预设好的问题，比如："你今天要去哪？""你今天博客想写点什么？"

网址：www.dailydiary.com

little memory：今天你想记住什么

与Dailydiary相比，little memory（小回忆）更像ohlife，界面极其简洁，也支持邮件收发，而且可以和Facebook、推特同步。登录后，界面只有一个空白框："今天你想记住点什么？"框内可以上传照片、文字，或者标记某一个人的邮箱，这样你的记忆将会同步到他的邮箱里，如有一些不好意思用语言表达的情感，可以用文字向他表白。

little memory同时有iOS版本，下载到手机上，可以随时记录自己的心情，或者手指轻轻一划，看看自己一天前、一周前，或者一年前的心情故事。little memory同时支持公开和隐私两种方式，如果选择"只能自己看"，那便是完全隐秘的个人日记，如果选择"公开"，所有little memory的用户都可以看到你的所思所想，当然你也可以看到别人的日记，这点和一般的社交工具蛮像的。

网址：https://thelittlememory.com

揪出被PS的图片

潘少颖

阳光照耀着参加葬礼的人们，悲伤、愤怒和哭泣的人们抱着两具裹着白色尸布的孩子的尸体走过加沙狭窄的小巷，这两个分别两岁和三岁的巴勒斯坦儿童不久前在以色列导弹袭击中丧生……一年前，瑞典摄影师保罗·汉森凭借这张《加沙葬礼》获得第56届荷赛奖年度图片奖和突发新闻类单幅一等奖，然而不久之后，这张照片就被疑PS过。

无论这张照片是怎么样的来头，PS却从一个专业词逐渐变成人人都可以说、可以做的活。假亦真时真亦假，有人觉得PS不难，但判断照片是否被PS过却是个难题。

其实，判断一张照片的真伪，不需要用到一些很高科技的方法，网站fotoforensics就能判断照片是否被PS过。打开网站上传要检测的图片或网络图片，上传之后就会分析出照片的真伪。

在页面上会显示出该照片的一些信息，如果有一点摄影知识，根据这些信息也可以判断。第一个ELA错误级别分析，把鼠标放在上传的照片上，看起来比较亮的地方就表示修改过，没有被PS过的照片不会显示出特别亮的地方，原因是，没有修改过的照片保存时，相邻网格的压缩特征是近似的高频白色分布。相反，如果是被编辑修改后保存的，则网格之间的ELA分布会有明显的差异特征，表现为不连续的高频白色分布，肉眼看上去就是一张照片上有明亮和灰暗的地方对比性很强

第二个是图片质量比，每修改一次质量都会下降，也可以证明修改过，比如一张照片的质量只有70%，那就可以判断被修改过；第三个是图片的信息，包括用什么相机拍摄、图片大小、类型等。

记者从荷赛奖官网上找来的《加沙葬礼》这张照片，上传到fotoforensics分析后，结论是这张获奖照片有经过PS的可能性。

应用网址：fotoforensics.com

去开课吧上IT课程

林　斐

三大全球公开课网络（Coursera、Udacity和edX）中的两家已经进入了中国，这种由大学提供教师和课程的在线教育模式（MOOC）已经受到了越来越多爱学习者的追捧。

与这种模式所对应，在美国还有一家网站——Lynda，它走的是另外一种模式。

创立于1995年的视频教学网站Lynda采用完全自主原创，而不是由大学或者公开课这样UGC的方式来生产视频教学内容，在未获任何外部投资的情况下实现7000万美元盈利，而后又获1亿美元融资。

刚刚获得2000万美元融资的国内IT教育网站——“开课吧”可以看成是Lynda+MOOC的混合模式。

“开课吧”上的视频内容都是由其团队自主拍摄，而教师来源以大学教师、培训机构教师和企业技术、营销人士为主。视频教学的内容则是MOOC式的——学生需要注册，选修课程、完成作业、参与课程讨论，最终为期6周左右的课程结束后，还要通过测试等环节。部分与高校合作的课程，最后可以获得高校转换的学分。

每个课程被分拆成很多知识点，做成每段20分钟以内的课时，“开课吧”会在自家的摄影棚中为专家拍摄教学视频，而后剪辑并加入动画演示效果。

从“开课吧”目前的合作大学来看，还是以北京开放大学（原北京广播电视大学）为主，北京航空航天技术大学也提供了一两门课程。

开课吧目前最贵的资源，应该是包括拍摄、发布和管理在内的平台，据说他们将在采集了足够的数据之后，用技术手段，将学生在“开课吧”中学习所产生的各类相关数据进行记录、分析和数据挖掘，之后根据分析结果向用户按需推送其有可能感兴趣的课程并根据学习者自身学习习惯针对性开展服务——在“开课吧”上称之为“导学”。

目前“开课吧”上的课程还不多，只有30多门，其中还包括了前百度度娘刘冬即将上线的“讲解Excel小技巧”。

在获得融资后，“开课吧”称会把大部分资金投入内容制作，计划在今年内推出自制的500门在线视频课程。以后，还将计划为用户提供学习的后续服务，比如职业技能的测试和认证（可以颁发学校、业界或者是政府机构的认证证书），以及通过数据挖掘切入IT领域的招聘。

网址：www.kaikeba.com
语种：英文

没有它找不到的文件

林 斐

一直以来，搜索电脑中的文件，记者一直用的是Everything这个小工具，最重要的就是图它的快。只要知道文件名中的几个字，不出1分钟时间，就可以把自己想要的文件找出来。

不过如果只知道文件的大致内容，而不知道文件名的话，Everything就帮不上忙了。只能用慢如牛车的Windows自带搜索索引来完成工作。最近记者开始试用FileLocator Pro，总算是把这个问题给解决了。

FileLocator Pro是一款专业的全文搜索软件，它内置了多种灵活的搜索规则来快速定位文件，如逻辑判断、通配符、正则表达式、日期、属性等，内置脚本支持可以实现更复杂的搜索操作，搜索结果也可保存为 TEXT、CSV、XML、HTML 等格式存档。

最关键的是FileLocator Pro无需建立索引文件即可快速全文搜索，支持 Office、PDF 等大部分文档格式和压缩格式，夸张点讲，就没有FileLocator Pro找不到的文件。

FileLocator Pro 安装完成后，就可以搜索常见的 Office以及 PDF 等大部分主流文档格式，安装Microsoft Office 2010筛选包后，还可以多支持20余种格式，其中主要包括：.docx、.docm、.pptx、.pptm、.xlsx和.xlsm等。

最简单操作就是在“包含文本”中输入自己所记得的需要找出来文件内的关键词，然后点击右上部分“开始”按钮，FileLocator Pro就开始查找工作了。

由于是全文索引式的搜索，所以FileLocator Pro的搜索速度没法和Everything相比，但胜在够全面准确。即使文件藏身于压缩文件包中，FileLocator Pro也能毫无压力地对其进行全文搜索！它支持 .rar、.zip和7z等22种主流的压缩格式。

搜索结束后，所有满足关键

条件的文件在界面左下部分显示出来，点击其中的文件，在右侧就会显示出文件的全文，所搜索的关键词还会自动定位并高亮显示出来。

除了支持最常见的纯文本输入关键词搜索外，FileLocator Pro还支持布尔、正则、DOS 规则，对于老手来说，搜索起来更加得心应手。如果用户对这些专业的表达式规则一窍不通无从下手也没有关系，在FileLocator Pro官方网站上，还专门为新手提供了详细的使用说明，全中文的界面以及帮助文档，相信花点时间就能搞懂。

想要制作绿色版FileLocator Pro，并不困难，只需将FileLocator Pro的配置、日志、收藏、文件夹等拷贝到U 盘中的同一文件夹下即可。

如果经常使用某几个特定搜索条件，点击“保存”按钮可把当前条件保存为 .srf 格式并自动关联。当需要的时候，只需双击该格式文件就自动启动 FileLocator Pro 并载入搜索条件。

下载地址：goo.gl/Lg8baQ
帮助页面：goo.gl/hM9GNp
Microsoft Office 2010筛选包
下载地址：goo.gl/Ld9EPz

买新电脑时用它们测一测

林 斐

说到要购买新电脑，如何才能知道电脑配件是不是真的如商家所说那样好用？没有以次充好？最简单的办法就是选择专业的硬件检测工具。这次记者就推荐几款免费好用的电脑硬件检测软件，希望读者在购买时能够了解电脑的真实情况。

鲁大师：国产硬件检测专家

鲁大师是一款国产知名系统检测工具，可以帮助用户轻松检测电脑内所有硬件产品的准确信息，帮助用户准确识别硬件产品。

在“硬件健康”模块，详细列出了电脑主要部件的制造日期和使用时间，便于用户在购买新机或者二手机的时候进行辨识。另外，在硬件健康模块还提供了对笔记本电池的实时监测服务。

鲁大师能对电脑硬件设备进行深入的检测，给出硬件设备品牌、详细参数、厂商信息等资料，而且还可以检测到电脑某个硬件是否正常运行。比如CPU相关信息，用户可以查看到CPU的型号、速度、生产工艺等参数及CPU当前的温度。

“电脑检测”模块为广大用户提供温度压力测试，实时显示电脑内主要硬件的温度及资源占用。电脑在运行过程中会产生一定的热量和压力，热量和压力达到一定高度后，会对电脑硬件产生不良影响，严重减少电脑的使用寿命。

除了主要具有硬件检测功能，鲁大师还提供性能测试服务，可以帮助用户测试CPU性能、游戏性能、显示器质量、屏幕坏点等，帮助大家准确掌握爱机的性能。

下载地址：goo.gl/bR5Brt

Prime95：专门测试CPU性能

CPU是电脑中最为核心的部件之一，当CPU出现性能问题的时候，就会导致整个电脑系统的运行不稳定，比如出现一些诸如死机、重启、蓝屏等情况。

“Prime95”是一款免费绿色软件，解压到电脑中直接运行即可。解压以后，进入软件目录，直接运行“Prime95”可执行文件即可，首次使用时，会弹出选择对话框。选择“Just Stress Testing”，接下来在测试选项中，选择“Small FFTs”，其他设置保持不变。这一项主要是用于对 CPU 的浮点运算测试另外还会对 CPU 的缓存进行填充测试。选择好以后，点击“OK”按钮，然后软件就会自动对当前电脑 CPU 进行压力测试。如果是四核CPU就会看到有“Work #1-4”，每一个 Work 区表示一个逻辑 CPU 核心。

一般情况下，测试时间为6到24小时。如果CPU当真有硬件性能问题的话，可能在几分钟内就会出现异常情况，比如死机、重启、自动断电等。在进行压力测试的时候，由于CPU 利用率一直处于高负荷状态，所以会导致 CPU 的温度升高。如果 CPU 风扇散热不给力的话，可能会导致自动断电的情况。要停止测试，请点击软件左上角菜单栏中“Test —Stop”，然后再点击“OK”按钮停止所有测试。

下载地址：goo.gl/X5eB8w

CrystalDiskInfo：看看硬盘给不给力

很多传统机械硬盘用户都会使用HD Tune一类的软件来检测硬盘是否有故障，这样的软件已经足够用了，但它们对SSD固态硬盘并不适用，各种不靠谱。所以记者推荐一种可以通吃机械硬盘和固态硬盘的检测软件——CrystalDiskInfo。

和HD Tune软件类似，CrystalDiskInfo同样通过读取S.M.A.R.T来判断硬盘的健康状态。

尤其是“磁盘健康状态”以及“温度”两项结果：如果健康状态不是“良好”的话，那可能就要进一步的检查了，而温度若太高的话，也可能造成硬盘的不正常运作，特别要注意一下。

针对固态硬盘，CrystalDiskInfo还可以查看通电时间、Trim支持、P/E次数等特性。

下载地址：goo.gl/CnFtu2

DisplayX：看看显示器有没有坏点

DisplayX只有43.5KB,是一款液晶显示器坏点及亮斑检测软件，通过点击主界面上的“常规单项测试-纯色”即可检测显示器是否存在坏点。软件将附加多个不同颜色的纯色画面，在纯色画面下可以很容易地找出总是不变的亮点、暗点等坏点。无论是笔记本还是LCD显示器，坏点的检测十分重要，而且要实时测试，有问题马上更换。

同时，DisplayX还具有延迟时间测试、对比度测试、灰度及呼吸效应测试功能。要测试延迟时间可以在主界面上选择“延迟时间测试”，软件将弹出一个小窗口，在小窗口中有3个快速移动的小方块，每一个小方块旁有一个响应时间，其中响应速度最快并且能够支持显示、轨迹正常并且无拖尾的小方块，其对应的响应时间也就是该液晶显示器的最高响应时间。

值得一提的是，在DisplayX的各项检测画面中，都有中文的提示，即使用户对显示器检测一无所知也不用担心不会使用。

下载地址：goo.gl/UVpfX0

三步打造微电影

王珏磊

一次旅程，几张照片，一段视频，怎样将它变成一部凝聚着回忆的微电影？不需要去折腾iMovie、Final Cut Pro、Movie Maker 这些听起来就很复杂的视频制作软件，一切交给Magisto就行。

Magisto 是一款非常简单易用的在线视频制作网站，不用去管剪辑、编码这些繁琐的技术细节，只需简单的几步：上传视频和照片，挑选中意的视频风格，在Magisto的馆藏中挑选背景音乐或上传自己的音乐，给视频定一个主题（这是可选项），就这么简单的两三步，几分钟后电影就自动生成了！

Magisto会分析你上传的视频，决定哪些部分是最有趣的，作些“修剪”，因此，完成后的电影会比你上传的视频要短一些。

Magisto支持各种格式的视频，包括AVI、FLV、MP4、MPG、MOV等等，免费账号支持 10 段视频剪辑以及 10 张照片，生成最长 15 分钟的微电影，付费可以解锁更多的限制。

想给你的视频配段背景音乐，你可以在Magisto的馆藏音乐中挑选，或者选择“干净”主题，点击“不要音乐”选项，这样，你就可以使用视频自带的音乐。有些可惜的是，如果你想把完成后的电影上传到别的视频网站去，Magisto馆藏的音乐有可能会“脱轨”。

应用网址：otranscribe.com

手机电脑互传文件秘笈

杨鑫倢

经典法

USB数据线：通过USB数据线在电脑和手机之间互相拷贝文件是再平常不过的一件事情了。普通手机（安卓、塞班等系统）直接当U盘用，土豪手机（苹果）因为系统封闭性原因，得在电脑上安装iTunes后才能连接互拷。

储存卡：把手机里的储存卡插进读卡器，当U盘来使，这招适用于所有支持内置存储卡的手机。

蓝牙：如果你的电脑支持蓝牙连接（很多笔记本电脑都自带蓝牙），普通手机可以通过蓝牙与电脑互传文件。土豪手机仍然因为其封闭性而无法使用蓝牙分享文件。

邮件：这是看起来十分愚蠢但其实很有用的方法，几乎任何场合你都可以这样做。发送包含文件附件的邮件到自己的邮箱，然后去另一个设备下载。

流量传输法

只传一张图片，实在不想来回插拔数据线，有一个链接回家要看，没写完的文档回家要继续，这些都该怎么办？如果传多个文件，记得手机使用WiFi。在没有WiFi的环境下，是要耗手机流量的。

QQ、微信、易信：手机QQ是可以让手机和电脑互传文件的。打开手机QQ，在联系人列表里能看到“我的设备”。点开它，在此就可以选择要发送的内容，图片、视频、文件等都可以。即使电脑端的QQ不登录也不用担心，照样可以发送文件，手机QQ自动拥有离线发送功能。同样的道理，从电脑端也可以传送文件到手机上。

类似的方法，QQ 的兄弟——微信、微信的情敌——易信也都能做到。这种方法普通手机和土豪手机都适用。

网盘同步：利用网盘的文件同步功能，帮助你自动把手机里的照片和文件导入电脑。网盘的选择非常多，比如百度网盘、360网盘、115网盘等。

同一WiFi网络传输法

当你的电脑和手机在同一无线WiFi网络下（即使用同一路由器上网），可以不费手机流量，就能实现文件的传输。如果电脑没有WiFi功能，如果家里没有WiFi或是手机WiFi与电脑使用的不是同一局域网，这时可以借助“随身WiFi”这样的硬件达成电脑手机“同居”的目的，比如360随身WiFi。

微云传输：电脑登录QQ微云客户端，利用QQ微云的本地网络传输功能，给手机发送文件。在手机微云确认接收。手机传电脑方法类似。文件相互传输的速度取决于你的WiFi内网连接速度和无线信号强度质量。

手机助手：传统的手机助手功能强大，在同一个WiFi环境下，电脑可以直接像读U盘一样读取手机，任意拿取想要的文件。91手机助手、豌豆荚等等都能做到。这种方法适用于安卓手机和越过狱的苹果手机。

浏览器直读法

上面这些方法，手机和电脑都要安装一款客户端软件。如果你是经常使用公共电脑联机，只需要在手机上装一个AirDroid客户端，用电脑的浏览器，就可以跨平台服务。

要连接时，从手机客户端生成链接地址和密码，然后在电脑上用浏览器输入这些信息。实现手机电脑互传文件是使用它的“云剪贴板”。当你在手机复制一项内容后，点击布告栏中间的Refresh按钮，将手机上的内容粘贴到“布告栏”中。同理，当你在布告栏里写上一句话时，一个Save按钮，就能直接在手机上粘贴调用了。类似的软件还有闪传、PushBulet、消息速递等。

微信浏览器 聊天上网两不误

章蔚玮

QQ浏览器与微信终于完成了历史性的“合体”，微信浏览器聊天版来啦，与过去网页版微信不同，用户无需独立打开微信网页，一次登录后，微信聊天窗口即一直以相对“独立”的边栏形式固定在浏览器边侧。用户完全可以实现一边浏览网页，一边微信聊天的神同步。

与普通浏览器不同，在微信浏览器左边栏处留出了固定的竖条空间摆放微信窗口，所占空间等同于QQ聊天窗口，只需要按F4即可隐藏微信窗口。

首次登录，只需要用手机微信扫一扫即可登录。聊天时，窗口以浮动形式向右伸缩，结束聊天后即可关闭窗口，所占空间不大。聊天窗格局分上下两部分，与网页版微信格局一致，但视觉体验更简洁明朗。聊天窗口具有发送“截屏”，以及“文件传输”的功能，在一定程度上可替代QQ聊天窗口。

除了微信好友间的互动外，微信浏览器也可实现多屏传输互动，由于网页浏览与聊天窗口处在同一空间，因此，当需要将网页上的图片传输至手机时，可直接将图片拖动到左侧聊天框内，可传输至好友，也可传输至“文件传输助手”，发送至手机。

此外，微信浏览器还多了未读信息提醒。当微信浏览器最小化时，在右下角即会出现微信小图标，一旦有新的消息，图标即会闪烁提醒。而同时，任务栏上的浏览器也会提醒有几条未读消息，几乎就是翻版QQ。

最后一大福利是，订阅号推送的内容也可在网页版轻松浏览了，在14寸电脑大屏上直接看订阅号长篇大论，那真是爽！

思维导图 连接你的脑电波

戚夜云

A联想到B，B联想到C，C联想到万物，人的思维很简单，但要用形象的语言表达出来却总难得其髓，因此一种专绘思维的软件火了起来，让原本只可意会的脑活动，通过线条和示意图清晰地构建出来，如同将你的脑电波连接起来，我们将这样的工具称为思维导图，用它来梳理日常规划、学习、创作和工作，总是带来意料之外的效果。

Mind Manager：包罗万象的集大成者

标签：商务化专业化

价格：349美元（普通版）

版本：Mind Manager xp和mac版、Mind Manager 增强版、商务版、企业版、在线思维导图

适用人群：商务、职场人士

官方网址：http://www.mindjet.com

Mind Manager是目前全球范围内用户最多的一款思维导图软件，也是国内开发者最热衷破解的软件之一。作为专业的思维导图工具，Mind Manager偏重的是思维的系统化运作，所以对于企业来说，用Mind Manager进行项目管理，最适合不过了。

在绘制脑图时，点击空白处，添加同类主题，选中某一个主题框，点击出现的方向箭头便是添加同类或者子主题。不过，在思维导图绘制上，不同的软件都大同小异，Mind Manager的价值是在优良的用户体验基础上带来更高层次的需求，比如说Mind Manager有其他软件无法等同的项目管理和商业规划高级功能，创建进度表、验证需求、设定优先级都只有Mind

Manager才能做到。

Mind Manager最大特点是能够与Microsoft软件无缝集成，快速将数据导入或导出到Microsoft Word、PowerPoint、Excel、Outlook、Project和 Visio中，这也是Mind Manager获得职场青睐的一个重要原因。

点评：

功能强大，上手快，与Office整合较好，还支持移动设备和在线编辑。但是Mind Manager价格较高，对电脑配置也有一定要求，非常适合思维导图的重度使用者，不过，Mind Manager形式不够自由化、多样化，对于用于学习或者读书笔记的人来说，不推荐。

XMind：最懂国人心思

标签：国产，快捷键丰富，适合国人操作习惯

价格：版本不同收费不同，从免费到129美元

收费：XMind免费版、XMind专业版(XMind Pro)，XMind订阅版以及XMind增强版

适用对象：入门级人士、学生党、创意者

官方网址：http://www.xmind.net

虽然一直不太明白作为国产软件的XMind，为什么官网不支持中文语言，但是作为一款易用性强的国产软件，更贴合国人操作习惯的XMind在国内还是拥有一大批的粉丝。现在针对不同需求的用户，XMind推出了4款操作软件，要求不是很高的用户，免费版已够用。

XMind模板众多，风格多变，而且表述更加国人化，比如说常规的思维导图都是以结构来提供模板，但是在XMind就是以目的来分类，不管是任务清单、减肥计划、销售谈判还是会议管理，XMind都提供现成的模板，作为用户，只需要双击更换文字中不同的内容。

作为优势，XMind的快捷键功能十分强大。选中某个主题，按enter键即新建同类主题，按insert键即插入子主题，随意点击空白处即可插入自由主题。在细节方面，用户可以在节点处根据需要插入日期、项目完成度、符号、红旗、人像等多种图表。如果仅从创意、创作、学习等即思即所得的自由感来PK，没有软件可以与XMind相比。

XMind 的文件输出形式也很多样，既可以导出成MindManager等其他软件格式，也可以导成图片、文档、演示表格等多种格式，同时你可以直接将想要分享的思维

导图上传。

点评：

XMind非常适合国人的思维导图操作习惯，不仅主题美观，模板丰富，它强大的快捷键功能，使得很多人尝试MindManager后又返回XMind。不过，XMind不支持Flash导出，而且导出Html、pdf和Word的样式差不多，近乎纯文本，不够美观。在日常生活化的思维导图中，XMind优势无可比拟，但是在企业级层面，还是逊色于MindManager。

百度脑图：麻雀虽小 五脏俱全

标签：在线编辑 快速便捷 免安装
价格：免费
版本：仅在线版本
适用对象：简易的思维编辑需求
官方网址：http://naotu.baidu.com

百度脑图作为百度开发的本土工具，虽然开发得晚，但是用户的知名度却不低。简单、方便、易操作可以说就是百度脑图最鲜明的特点。

与已经成熟的软件相比，只有在线编辑版本的百度脑图更像是浏览器里的一个插件或者小工具，直接百度一下“百度脑图”即可获得入口，进入之后便是白板。点击新建，有常见的五种结构可以选择：艺术创作用思维导图、商务人员架构用组织结构导图等，学生可以用目录组织图和逻辑结构图进行学习，如果是会议等时间节点安排就可以选择鱼骨头图。

明确结构主题之后，接下来的操作十分简易，根据自己的实际需要按照页面上面的操作提示，选择插入同级主题和下级主题或者是上移、下移、编辑等。比如你的中心是水果，你的夏季主题就可以是苹果，苹果的同级主题就是芒果和菠萝，苹果的子主题就是富阳苹果或者是蛇果。如果你觉得画面太简单，可以随时插入链接、图片、备注。现在百度脑图特别注重软件与键盘的无缝对接，他们希望用户无需鼠标操作，即可完成思维导图。

编辑完成之后用户既可以保存到网盘中也可以保存到本地，本地的格式可以为图片格式，也可以是svg格式（浏览器中打开）、txt等的格式，还可以保存为.xmind、.mm、.km等思维编辑专用工具文件。

点评：

百度导图最大的优点就是入口端十分方便，操作上与已经发展相对成熟的XMind和Mind Manager相比，除了方便易行，无明显优势，但对于无特殊高标准要求的一般用户来说，拥有便捷入口的百度脑图已经足够。

名词解释

思维导图是一种表达发射性思维的有效图形思维工具，它运用图文并重的技巧，把各级主题的关系用相互隶属与相关的层级图表现出来，把主题关键词与图像、颜色等建立记忆链接。

相关推荐

Mindmapper：老牌软件，适合做笔记

Novamind：小众，但是演示效果很赞

Freemind：简单、免费、跨平台

给家里装上千里眼

张 程

小时候我妈喊我三声，如果没答应，她就会杀气腾腾地冲到我房间，“喊你你怎么不答应”，然后一顿胖揍。理由很简单，她唤我得不到回应，她就会胡思乱想，“莫不是出了什么事”；我姐生完孩子后一刻都离不得宝宝，恨不得时时刻刻能看着；我舅在外面上班，每天要给一个人在家的外婆打电话，生怕她年纪大了，在家磕着碰着了没人知道。我特别理解那种得不到回应的担忧和那种放心不下的牵挂。好在随着科技的进步，一些实时反馈和监控的软件已经在网上可以免费得到，只要你家电脑有聊天用的USB摄像头，还有你用的是一部智能手机，就可以通过简单设置，实现家庭监控。

掌上看家：将各种终端变成高大上的“监控眼”

掌上看家是一款免费的家用视频监控软件，它的优点在于不用购买任何专业监控设备，可以轻松实现家庭监控的功能。其运作的原理是通过录像采集端与录像播放端的联动，实现对特定环境的监控。

掌上看家兼容多平台，包括PC、手机、平板、摄像头，甚至是电视、机顶盒。首先用户需要确定一个设备为采集端，下载安装采集端的软件，这个采集端可以是你家里的电脑，也可以是闲置的智能手机、平板，只要是带摄像功能的智能终端就行，你可以把它当做一个摄像头来使用。在采集端下载安装完成后，进行注册，注册完成后你会获得一个与该采集端绑定的、唯一对应的CID号码，这个号码是接入该摄像头的“口令”，你需要记下来。

除了一个采集端，你还需要一个观看端，观看端可以是电脑、手机、平板。在你确定的观看端下载掌上看家App，登录后输入之前生成的CID与采集端进行绑定，就可以实现连接，实时观看到采集端所采集的画面了。

掌上看家在侦测到移动物体后，会依据灵敏度及时拍下一张或者一组照片，并将这些照片自动发到你的邮箱里，以实现提示作用。如果出于防盗考虑你可以将摄像头对准门窗等地方。除了运动侦测外，还有定时摄制功能，你可以设定一个时间段，采集端会自动进行摄制并记录。

目前掌上看家采集端软件已经做成开源代码，免费向第三方摄像头设备商开放，并且成功预装了数百万摄像头，对于预装了该软件的摄像头，只要有CID号码就可以进行操控。同时该公司声称正在研发人脸识别、声纹识别等高级功能。

掌上看家观看端支持 iOS、Android、网页，采集端支持iOS、Android、Windows、Mac OS等多个系统。

点评：

操作简单，缺点是目前尚不能实现从观看端远程启动采集端，需要采集端时时保持登录掌上看家的状态。

iSpy：动态监测家里的一举一动

相对掌上看家，iSpy 视频监控软件安装和设置程序较多，也正是因为这一点，增加了它的可玩性。它不仅支持运动检测、声音监控，还支持网络远程访问。

使用iSpy组建一个远程网络监控系统只要一台笔记本或台式电脑做主机，以及若干的摄像头和麦克风。用户可通过1台电脑连接多个摄像头和麦克风，并进行录制和保存。目前该软件支持 64 位与 32 位系统，支持简体中文。

下载安装iSpy软件后，点击主界面的“新增”栏，在里面找到“当地拍摄器”，然后在视频设备里面选择添加摄像头，在这里你还可以做一些设置，包括摄像头的分辨率以及捕捉模式。

iSpy可通过对画面中动作的捕捉和声音的监控实现动态侦测。由于iSpy的录像需要存储在电脑中，这种动态侦测模式也就很好地避免了摄像头24小时工作摄制大量内容，导致存储空间被挤爆，当然你也可以长时间开启拍摄功能。用户也可以在“设定”、“存储”栏目下限制摄制文件的大小，以及在规定容量时自动删除旧文件。

除了对特定环境的自动监测外，iSpy还可以通过网络远程访问摄像头、查看录像。用户需事先在软件主界面的“网络设置”进行相关设置，并创建一个用于远程访问的iSpy账号和密码，通过iSpy Connect 的网站就可以对摄像头和画面进行远程访问。不过该功能需要用户额外配置一个动态域名才行，具体方法可在网上搜到教程。

iSpy 除了自身丰富的功能外，它还支持插件扩展，如脸部识别、车牌识别等。实际上iSpy也支持通过邮件、短信向用户报告异常情况，不过这一功能为收费项。实际上对于绝大多数仅仅希望对家里异常情况进行监测的用户来说，免费功能已经够用。

点评：

捕捉画面的灵敏度、视频的清晰度都可以自己调节，录制的视频也可以上传到云端，可玩性较强，喜欢钻研的人，可以多玩玩。

向日葵：远程遥控随时想看随时看

对于部分不需要摄像头对家里进行全程监控、而是仅在不确定家里情况时开启的用户而言，可能更希望有一种可以远程启动摄像头来了解家里实时情况的方法。

向日葵开机棒就是定位于远程控制的一款软件，对于主机支持WOL（Wake on LAN，大部分电脑都支持）远程唤醒功能的电脑，向日葵都可以做到远程开启。向日葵开机棒非常小巧，大概是30个一元硬币堆起那么高。机身两头分别是一个电源接口和一个USB接口，将它装在主机和路由器之间就可以了。

开机棒装好后，在PC端选择开机棒进行IP配置，地址自动获取即可。设置好后，再进入网页端的控制台进行远程主机的添加和授权，将你想要被远程控制的电脑添加到开机棒的管理范畴，需要注意的是这个主机必须要与开机棒处在同一局域网。同时该主机也要安装向日葵的客户端，并且用与主控端同样的账号登录。这些都设置好之后，进入WEB端控制台，在设备列表下即可发现向日葵已经自动识别了安装被控端计算机，这时还需要将其授权为远程主机，也就是你的手机或电脑。

全部设置完成后你就可以控制开启棒下同一局域网下的所有可被控电脑，不过主控端若想实现被控端的远程开机操作，需要在连接该计算机之前进行安全检验。目前有两种方式，一种是Windows账户，另一种是访问密码。Windows账户输入被控端计算机的Windows账号和密码，访问密码则是两台计算机之间建立的访问密码，主控端输入正确的密码后才能对被控端进行控制。

远程控制之后，就可对该电脑进行远程开机，开启摄像头。同时还支持远程桌面观看视频、双向传输文件等。

点评：

如果父母或者保姆对实时监控提出强烈抗议，不妨试试这个，只在需要时启动远程监控。不过该服务是收费的，开机棒售价为118元，远程开机服务专业级收取58元/台/年，商业级98元。另外还有云检测功能，云监控7天回放158元/主机/年，30天回放458元。

是时候和广告说再见了

张　程

第一集30秒广告、第二集60秒广告、第三集90秒广告、看的正起劲时突然来了广告，这样得寸进尺是要闹哪样？视频网站如此任性也是醉了。

最近升级完QQ 6.1 后，桌面右下角就从来没有安静过，什么“你上次看中的那条牛仔裤降价了！”“你被秒杀选中了”“XX优惠活动”……正常的电脑操作习惯被严重打扰。之前一直觉得网站不容易，放点广告也就忍了，而且也怕插件会拖慢电脑速度，不过现在看来，也许真的是时候告别这些烦人的广告了！

ADmuncher：功能强大无所不包

适合人群：广告洁癖者

ADmuncher又被称作“奶牛”过滤器，能屏蔽从浏览器到各种应用程序的广告，它的拦截效果被认为好于浏览器的拦截广告插件。此前这款软件一直是收费的，售价29.95美元，外加年费19.95美元。不过去年年底该软件开发者宣布，因为有超过10万人付费购买了软件，在获得如此多经济资助之后，决定将其完全免费，并且每一位用户都将能定期更新广告过滤列表。

ADmuncher属于加载前屏蔽，几乎支持所有浏览器和联网软件。自带功能有反弹窗、反跟踪、改UA、破右键、破反盗链等。用户需自定义规则，设置广告过滤列表，也可以在网上下载一些过滤规则导入进去。目前最为著名的是由CJX维护的CJX规则，它部分参考chinalist、easylist，主要面向国内网站，能去视频广告、黑屏、免验证码、免等待、隐藏版规等。

ADmuncher软件加上CJX规则之后的功能十分强大，不仅视频、弹窗等常见广告问题可以得到解决，逛论坛遇到隐藏版规也可以规避，这一点是国内多数软件没有关注到的功能。

如今在ADmuncher的官网可以下载到正版软件，自定义规则则可在一些网站、论坛找到，有些论坛还有专门的ADmuncher 专区，你可以在那里看到这款软件一些最新动态。

ADsafe：不良信息和广告统统不要

适合人群：家有小孩的家长们

ADsafe净网大师是一款国内的免费广告过滤软件，可以在ADsafe的官网上直接下载，一键安装。这款软件相对ADmuncher的安装过程要简单很多，但基本功能也都具备，主要是不良信息过滤、看视频不等待、逛网站不打扰三项，适合没有特别要求的普通使用者。

ADsafe净网大师的不良信息过滤功能与常见的电脑管家的防护功能一致，对钓鱼网站、木马、欺诈信息等有多重防范机制。其中还有保护青少年上网安全的功能，此前虽然国家规定电脑要安装绿坝防护软件，但用户一般后期都会将其卸载，导致少儿不宜内容不能很好地被屏蔽，而ADsafe净网大师正好填补了这一空白，具有色情信息和木马钓鱼内容的网站，ADsafe净网大师能够完全禁止访问，页面显示为空白页，关闭ADsafe净网大师不良信息过滤功能后便可正常访问。此外，ADsafe净网大师也具备对搜索引擎不良信息的屏蔽功能，比如在百度中搜索“性爱”，打开不良信息过滤功能前后效果完全不同。

在视频广告过滤、网页广告过滤和弹窗广告拦截方面也很好用，打开ADsafe净网大师，开启相关功能后，看视频就可以完全屏蔽掉片头和片中插播的广告，逛网页时也不会被各种弹窗、浮窗广告打扰。

ADsafe的界面简洁、操作简单，界面上只有不良信息过滤、看视频不等待、逛网站不打扰三个选项，下面分别对应三个开关按钮，用户可以针对自己的需要选择是否开启相关功能。

除此之外，ADsafe还出了安卓

手机版的测试版，用户可以直接在软件商城下载ADsafe的App，根据指示安装好之后就能过滤手机上的广告，与一般只过滤软件内广告不一样，ADsafe在手机上同样可以过滤掉视频网站的广告。

ADmon：专一的视频广告过滤小神器

适合人群：只爱在网上看视频的二次元们

对于一些喜欢在网上看视频，又不想过滤软件太大，占用内存、拖慢电脑速度的人，可以选择ADmon视频广告过滤大师，这款软件很小，功能专一，专门过滤视频的片头和片中播放的广告。用户可以在想要看视频时再开启这款软件，它小巧简单，几乎没有设置要求。

ADmon视频广告过滤大师整个网站都和软件一样走简洁路线。打开其官网，左侧浅蓝色方框内显示的是视频广告过滤大师的操作界面截图，右侧是对视频广告过滤大师功能的定义说明；右下角两个链接，点击“立即体验”就可以下载视频广告过滤大师，点击“联系我们”就可以通过QQ与开发该软件的技术人员进行沟通。

点击下载完毕后，双击进行安装，大约2至3秒的时间，安装就可完成。此时，在电脑右下角可以看到图标 ，这代表视频广告过滤大师的安装已经成功。双击会打开界面，界面只有一个“是否过滤视频广告”的按钮。

ADmon的官网上宣称可以自动优化网络环境，提升视频网站、视频软件访问速度，但并没有在界面上看到明显的相关选项和效果显示，不过由于该软件较小，不占用内存，一般也不会影响速度。目前软件可支持Win XP、Win 7、Win 8、Win 8.1操作系统。

为小屏量身订制PDF

孙骋

喜欢用Kindle、iPad看电子书的读者，常常困扰于PDF尺寸，A4纸页面大小的PDF文件放入Kindle或者iPad mini，简直变成小人书——字体小得难以确认。大屏幕的iPad倒是适合看大页面的PDF文档，但毕竟伤眼睛，不宜久看。

K2pdfopt是一款可以调节PDF文档尺寸的软件，它不仅实现了文字重排，还可以分栏切割，用户体验相当极客。在K2pdfopt下载页面进行下载前，先输入验证码，再选择和电脑匹配的型号，比如Windows、Linux、Mac OSX等系统。安装软件后，选择需要转化的PDF或DJVU文件，再一一设定需要转换的尺寸。

软件为用户提供了几种模板，包括Kindle1-5/DX/Paperwrite、Nook simple touch、Kobo touch/mini/Glo。使用固定模板的同时，高度、宽度、DPI（每英寸的像素、扫描精度）等参数都可自行设置。你可以保存四种预设习惯，以适用不同的小屏幕终端，其中PDF转换页数、页面布局、分列数都可自选，或直接将PDF调整至最喜欢的阅读效果。

软件对话框的右下方，是预览窗口，用户根据预览效果可多次调节设置参数，直到生成满意的PDF尺寸。最后，单击按键“转换所有文件”即可。

小贴士：

各类设备PDF尺寸

Kindle1-5：8.52cm × 11.18cm

Nook simple：8.4cm × 11.03cm

Kobo touch：9.13cm × 11.1cm

名词解释：

DPI意为“每英寸所打印的点数”，是打印机等设备分辨率的单位，也是衡量打印机打印精度的重要参数之一。一般来说，DPI值越大，打印精度越高。

图书在版编目（CIP）数据

解忧IT / 赖真主编；IT时报社编. -- 上海：同济大学出版社, 2016.10
ISBN 978-7-5608-6505-8

Ⅰ. ①解… Ⅱ. ①赖… ②I… Ⅲ. ①信息技术－文集
Ⅳ. ①G202-53

中国版本图书馆CIP数据核字（2016）第200137号

解忧IT

统　　筹　福泽文化
责任编辑　张　睿
责任校对　徐春莲
特约编辑　马俊阁
装帧设计　一步设计

出版发行　同济大学出版社（www.tongjipress.com）
地　　址　上海四平路1239号
邮　　编　200092
电　　话　021—65985622
经　　销　全国新华书店
印　　刷　上海南朝印刷有限公司
开　　本　890mm × 1240mm　1/32
印　　张　5.125
字　　数　138000
版　　次　2016年10月第1版　2016年10月第1次印刷
书　　号　ISBN 978-7-5608-6505-8
定　　价　38.00元